Johanna Handschmann

Vollkorn Kuchen für Genießer

Erprobte Rezepte – mit Tips für Anfänger

GU
Gräfe und Unzer

Umschlag-Vorderseite
Dieser köstliche Kuchen aus knusprigem Nußmürb-
teig ist mit einer lockeren Vanillecreme gefüllt und
üppig belegt mit frischen aromatischen Himbeeren.
Das Rezept finden Sie auf Seite 43.

2. Umschlagseite
Der beliebte versunkene Apfelkuchen ist schnell zu-
bereitet und schmeckt auch mit Pfirsichen, Birnen,
Aprikosen oder Kirschen ganz ausgezeichnet.
Rezept Seite 14.

3. Umschlagseite
Die Elsässer reichen den Guglhupf nicht nur zum
Kaffee, sondern auch zu einem Glas Gewürztraminer.
Rezept Seite 32.

CIP-Kurztitelaufnahme der Deutschen Bibliothek

Handschmann, Johanna:

Vollkorn-Kuchen für Genießer: erprobte Rezepte –
mit Tips für Anfänger/Johanna Handschmann. –
1. Aufl. – München: Gräfe und Unzer, 1987.
(GU Vollwert-Küchen-Ratgeber)

ISBN 3-7742-2443-9

1. Auflage 1987
© Gräfe und Unzer GmbH, München
Alle Rechte vorbehalten. Nachdruck, auch auszugs-
weise, sowie Verbreitung durch Film, Funk und Fern-
sehen, durch fotomechanische Wiedergabe, Tonträger
und Datenverarbeitungssysteme jeder Art nur mit
schriftlicher Genehmigung des Verlages.

Redaktion: Cornelia Schinharl
Herstellung: Robert Gigler
Farbfotos: Fotostudio L'Eveque Harry Bischof
Zeichnungen: Gerlind Bruhn
Umschlaggestaltung: Heinz Kraxenberger
Satz und Druck: Appl, Wemding
Reproduktionen: Brend'amour, Simhart & Co.
Bindung: R. Oldenbourg

ISBN 3-7742-2443-9

Johanna Handschmann

stammt aus Rippberg im Odenwald. Nach dem Abitur
studierte sie neben anderen Fächern das Fach Haus-
wirtschaft in Karlsruhe.

Durch die Krankheit einer Kollegin lernte sie die
Vollwertkost und deren positive Auswirkungen kennen
und begann, sich intensiv mit dieser Art der Ernährung
zu beschäftigen. Die Aspekte der Vollwertkost inte-
grierte sie als Hauswirtschaftslehrerin sowohl in den
Unterricht als auch in den privaten Bereich mit dem
Ziel, diese Ernährungsweise für Kinder und Erwachse-
ne gleichermaßen attraktiv und verlockend zu gestalten.

In Lehrerfortbildungskursen und in Kochkursen an
Volkshochschulen überzeugte sie viele Menschen von
den Vorzügen der Vollwertkost und der Schmackhaf-
tigkeit ihrer Gerichte.

Nach beruflich bedingtem Ortswechsel ihres Ehe-
mannes widmet Johanna Handschmann sich heute im
Raum Frankfurt der Kreation und Erprobung von
Vollwertrezepten.

Wichtiger Hinweis

Beim Getreidekauf muß darauf geachtet werden, daß das Getreide gereinigt ist. Es muß be-
freit sein von Schmutz und Unkrautsamen (vor
allem Samen der giftigen Kornrade). Auch der
heute seltene Pilzparasit, der vor allem den
Roggen befällt, das Mutterkorn, darf nicht enthalten sein. Es ist ein schwärzliches, meist stark
vergrößertes Getreidekorn. Mutterkorn ruft
beim Genuß lebensgefährliche Vergiftungser-
scheinungen hervor. Getreide muß also vor der
Verarbeitung unbedingt verlesen werden.

Bittermandeln wirken in größeren Mengen
giftig. Sie dürfen deshalb nur in kleinen Mengen als Gewürz verwendet werden und sollten
immer unerreichbar für Kinder aufbewahrt
werden.

Sie finden in diesem Buch

Ein Wort zuvor

Wenn Sie sich für die Vollwertkost interessieren oder sich bereits vollwertig ernähren und deshalb besonders für das Backen mit Vollgetreide interessieren, halten Sie mit diesem preiswerten Küchen-Ratgeber genau das richtige Buch in Händen. Ich beweise Ihnen, daß es leicht ist, Vollkornkuchen so zu backen, daß alle, die davon probieren begeistert sind, Sie selbst eingeschlossen. Raffinierter Zucker und Auszugsmehl werden allerdings vom Einkaufszettel ganz gestrichen. Denn zuviel Zucker ist nachweislich schädlich (Karies, Übergewicht) und liefert dem Körper nur leere Kalorien. Dem Auszugsmehl fehlen durch die industrielle Verarbeitung wichtige Vitamine, Mineral- und Ballaststoffe.

Bei den Zutaten für die hier beschriebenen Rezepte werden Sie deshalb nur solche Produkte finden, die so schadstoffarm und naturbelassen wie möglich sind oder noch eine große Menge an natürlichen Wirkstoffen enthalten. So verwende ich zum Beispiel Zuckerrohrgranulat oder Honig anstelle von weißem Zucker, Butter statt Margarine und frisches Obst statt konserviertem. Außerdem nehme ich nur Vollgetreide, das, frisch gemahlen, all das enthält, was dem Auszugsmehl fehlt und außerdem den Kuchen ein unvergleichliches Aroma verleiht.

Wie Sie sicher wissen, geht es bei der Vollwerternährung jedoch nicht nur darum, denaturierte Nahrungsmittel durch natürliche Lebensmittel zu ersetzen. Es ist auch sehr wichtig, die Menge bestimmter Zutaten wie zum Beispiel Süßungsmittel, Eier und Fett soweit wie möglich zu reduzieren. Diesen Aspekt habe ich ebenfalls bei der Rezeptzusammenstellung berücksichtigt. Ich nahm herkömmliche Rezepte unter die Lupe und setzte den Rotstift dort an, wo es im Hinblick auf eine vollwertige Ernährung erforderlich war.

Sie werden überrascht sein, wie ausgezeichnet die Kuchen schmecken, die Sie nun mit den Rezepten dieses Buches backen können. Selbst diejenigen meiner Gäste, die nicht zu den Anhängern der Vollwertkost gehören, bestätigen mir das immer wieder.

Haben Sie Geduld, wenn Ihnen die Kuchen anfangs möglicherweise nicht süß genug schmecken. Ihre Geschmacksnerven stellen sich nämlich um und zwar umso schneller, je häufiger Sie Vollkornkuchen essen. Wenn Sie erst einmal Feuer gefangen haben für diese Art des Backens, werden Sie bestimmt nicht mehr davon loskommen. Es wird Ihnen dann sogar passieren, daß Sie »normale« Süßigkeiten als zu süß empfinden.

Daß diese Kuchen optisch mit ihren Vorgängern durchaus konkurrieren können, beweisen schon die vielen brillanten Farbfotos in diesem Buch.

Im Rezeptteil finden Sie neben bekannten Rezepten wie Marmorkuchen oder Bienenstich auch einige neue Ideen für Zucchini- oder Kaffeekuchen, die ich unter dem Aspekt der Vollwerternährung entwickelt habe. Außerdem enthält das Buch ein Kapitel mit Rezepten für kleines Gebäck, das Sie auf vielerlei Arten füllen oder belegen können. Ich habe mich bemüht, die Rezepte möglichst einfach zu gestalten und alle Arbeitsschritte so genau zu erklären, daß auch Anfänger sicher keine Schwierigkeiten haben, wenn sie in die Vollwertkost »einsteigen«.

Im theoretischen Teil finden Sie viele nützliche Tips rund ums Backen und eine Warenkunde der Zutaten, die verwendet werden und die Sie übrigens überall leicht bekommen können. Die informativen Zeichnungen sowie die Schritt-für-Schritt-Abbildungen werden Ihnen bei der Zubereitung etwas schwieriger Kuchen behilflich sein.
Und nun viel Spaß beim Backen und guten Appetit! Ihre

Johanna Handschmann

Rund ums Vollkornbacken

Warum backen mit Vollkorn? Die Verwendung des ganzen Korns, möglichst aus biologischem Anbau, bringt große Vorteile für die Ernährung des Menschen. Denn die verschiedenen Getreidesorten enthalten vor allem in den ballaststoffhaltigen Randschichten und im Keimling große Mengen lebenswichtiger Nähr- und Wirkstoffe.

Damit diese Inhaltsstoffe im Organismus voll zur Entfaltung gelangen, dürfen die Vollkornkuchen auch nicht mit dem weißen, denaturierten Fabrikzucker gesüßt werden. Er würde die positive Wirkung der Vollkornprodukte (vor allem bezüglich der Vitamine der B-Gruppe) wieder einschränken und kann sie sogar unverträglich machen. Aus diesem Grunde werden bei der Vollkornbäckerei nur naturbelassene Süßungsmittel verwendet, wie Honig und das geschmacklich noch interessantere Zuckerrohrgranulat.

Noch ein Hinweis zum Getreide. In letzter Zeit gab es einige Meldungen in der Presse, daß in biologisch angebautem, meist direkt vom Bauernhof bezogenem Getreide, gelegentlich Mutterkorn auftauchte. Es ist zu vermuten, daß das Getreide in diesen Fällen nicht gründlich gesäubert wurde. Sie sollten sich daher beim Kauf immer vergewissern, ob das Getreide ausreichend gereinigt wurde. Sie können das Getreide auch sichten, denn das schwarze Mutterkorn ist sehr leicht zu erkennen.

Was ist eigentlich Mutterkorn? Das Mutterkorn ist ein durch Pilzbefall verändertes Getreidekorn und wirkt in größeren Mengen giftig. Das schwarze Mutterkorn ist größer als ein Getreidekorn. Befallen werden vorwiegend Roggen und seltener auch Weizen. Durch spezielle Reinigungsmaschinen (Trieur) läßt es sich aus dem Getreide entfernen.

Um ganz sicher zu gehen und auch um andere Unsauberkeiten wie Steine und Unkrautsamen zu erkennen, sollten Sie das Getreide vor dem Mahlen erst zur Sichtprobe in eine Schüssel schütten, wie ich es mir angewöhnt habe. So können Sie Verunreinigungen leicht aussortieren.

Vor dem Backen zu lesen

Damit das Backergebnis immer ein Erfolg ist, sollten Sie vor Arbeitsbeginn alle Zutaten abwiegen beziehungsweise so vorbereiten, wie sie für das Backen des Kuchens benötigt werden (wie zum Beispiel Mahlen des Getreides). Achten Sie bei Rührteigen darauf, daß alle Zutaten Zimmertemperatur haben, damit sich beim Rühren Fett und Ei gut verbinden.

● Wiegen Sie die Backzutaten möglichst in einer Küchenwaage. Ein Meßbecher ist bei der Vollkornküche zu ungenau, da zum Beispiel Weizenkörner ein anderes Raummaß haben als Weizenmehl und Zuckerrohrgranulat ein anderes als weißer Kristallzucker.

● Die Buttermenge in den Rezepten habe ich so gewählt, daß man sie nur durch Teilen des Butterstücks leicht ermitteln kann: 125 g Butter erhalten Sie, indem Sie das Butterstück teilen und etwa 60 g durch das Vierteln des Stückes.

● Die Flüssigkeitsmengen sind in den Rezepten der Genauigkeit halber in ccm angegeben. Wenn Sie keinen Meßbecher mit ccm-Skala besitzen, wiegen Sie die Flüssigkeit einfach ab. 1 ccm entspricht 1 g!

● Achten Sie bei der Eizugabe auf die Größe der verwendeten Eier! Handelsüblich sind die Gewichtsklassen 4 und 3. Die Rezepte in diesem Buch sind auf diese Eigröße abgestimmt. Bei der Verwendung von größeren Eiern sollte dies berücksichtigt und etwas weniger Ei verwendet werden. Sie können sich dann nach dem Ei-Gewicht richten. Gewichtsklasse 4: 55–60 g, Gewichtsklasse 3: 60–65 g, Gewichtsklasse 2: 65–70 g, Gewichtsklasse 1: 70 g und mehr. Eier sollte man immer in einem separaten Gefäß aufschlagen und dann erst zu der Hauptmasse dazugeben. So kann man eventuell verdorbene Eier problemlos aussortieren. Zum Trennen der Eier gibt es praktische Ei-Trenner.

Backformen: gibt es aus verschiedenen Materialien und in unterschiedlichen Preisklassen, so zum Beispiel aus Schwarz- oder Weißblech, mit Beschichtungen aus Teflon oder Silikon, aus Keramik, feuerfestem Porzellan, Glas und Kunststoff. Für kleine Törtchen gibt es auch Einwegförmchen aus Papier. Da das Backergebnis in jeder Form auch vom Backofen abhängig ist, ist es sehr schwierig, eine allgemeingültige Empfehlung für die jeweilige Form zu geben. Eine wissenschaftliche Untersuchung ergab jedoch, daß Weißblechformen weniger gute Backergebnisse aufgewiesen haben und die silikonbeschichteten Formen besonders gute Ergebnisse zeigten. Ferner ist zu beachten, daß Formen aus Glas, Keramik und Porzellan sehr schlechte Wärmeleiter sind und man eine etwas höhere Temperatur einstellen muß. Weißblechformen reflektieren die Ofenhitze, dadurch verlängert sich die Backzeit oft um 10–20%. Formen aus Schwarzblech oder dunkel gefärbtem Stahlblech sind am gebräuchlichsten. Sie nehmen die Hitze gut auf und geben sie unverzüglich an den Teig weiter. Für das Backergebnis ist auch wichtig, daß man Backformen immer nur mit heißem Wasser, nie mit Spülmittel reinigt.

Stäbchenprobe: um festzustellen, ob der Kuchen gar ist, steckt man am Ende der Backzeit ein Holzstäbchen in die Mitte des Kuchens und zieht es wieder heraus. Wenn keine Teigspuren am Stäbchen haften bleiben, ist der Kuchen fertig. Sind noch Teigreste sichtbar, muß der Kuchen noch ein paar Minuten länger backen.

Temperatur: Backöfen, ob durch Strom oder durch Gas beheizt, zeigen häufig unterschiedliche Backergebnisse. Sogar bei Herden des gleichen Typs konnten bei gleicher Einstellung unterschiedliche Temperaturen festgestellt werden. Aus diesen Gründen kann unter Umständen die Anschaffung eines Backthermometers angebracht sein, das die Hitze im Backofen genau anzeigt. Die Temperaturangaben können daher immer nur als Richtwerte angesehen werden. Sie werden jedoch bald die für Ihren Herd richtige Einstellung herausfinden. Für Umluftbacköfen gelten andere Temperatureinstellungen als für den konventionellen Backofen: in der Regel muß der Backofen 10–20% niedriger eingestellt werden. Für Gasherde finden Sie die für die jeweilige Temperatur geltende Einstellung in der Gebrauchsanweisung Ihres Herdes.

Fetten oder nicht? Man sollte grundsätzlich alle, auch die beschichteten Formen einfetten, außer bei sehr fetthaltigen Mürbeteigen. Bei Biskuitkuchen darf der Rand jedoch nicht gefettet werden, da der Teig sonst nicht gleichmäßig aufgehen beziehungsweise durch das Fett am Rand absinken würde. Butter ist zum Einfetten am besten geeignet. Verwenden Sie zum Auftragen ganz einfach das Butterpapier, an dem noch genug Butterreste haften. Bei sehr feuchten Teigen kann man die Form noch zusätzlich mit Mehl oder Kleie ausstreuen. Wenn Sie die gefettete Form in den Kühlschrank stellen, während Sie den Kuchen rühren, wird die Fettschicht fest und sie kann sich nicht so leicht mit dem Teig verbinden. Für eireiche Teige, wie zum Beispiel Biskuit legt man die Form oder das Blech auch mit Backtrennpapier aus. Dieses kann mehrmals verwendet werden.

Vorheizen: Fachleute empfehlen, daß man den Backofen vorheizen sollte, da es bei den verschiedenen Modellen unterschiedlich lange dauern kann, bis die gewünschte Temperatur erreicht ist. Wenn nicht vorgeheizt wird, ist die Backzeit für den Kuchen um die Zeit, die das Vorheizen dauert, länger. Hefeteige können in den gerade eingeschalteten Backofen geschoben werden, da die ansteigende Hitze den Hefeteig noch etwas aufgehen läßt.

Nützliche Geräte fürs Kuchenbacken

Für das Backen von Vollkornkuchen benötigen Sie nicht mehr Geräte als für das Backen herkömmlicher Kuchen, wenn Sie das Getreide im Reformhaus oder Naturkostladen frisch gemahlen kaufen. Einfacher und bequemer wird das Backen der Vollkornkuchen jedoch, wenn Sie das Getreide zu Hause selber mahlen.

Getreidemühlen: gibt es in unterschiedlichen Ausführungen als Handmühle, als Mühle mit elektrischem Antrieb und als Vorsatzgeräte zu den meisten Küchenmaschinen und elektrischen Gemüseraffeln.

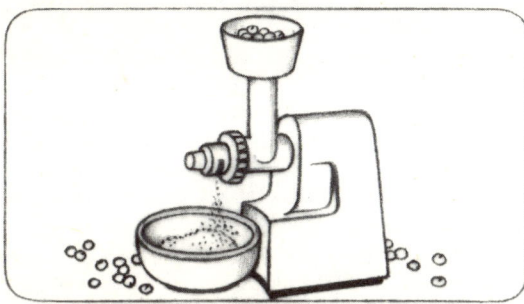

Vorsatzgeräte für Küchenmaschinen oder Standmühlen können in einer Minute etwa 100 g Getreide mehlfein mahlen und sind daher für die Mengen, wie sie zum Kuchenbacken benötigt werden, gut geeignet.

Handmühlen eignen sich nur zum Schroten kleinerer Mengen Getreide, wie zum Beispiel für Müslis. Da man in diesen Mühlen in einer Minute nur etwa 20–40 g Getreide mahlen kann, ist diese Mühlenart für größere Getreidemengen, wie sie zum Kuchenbacken benötigt werden, nicht geeignet. Mahlvorsätze mit etwa 300 Watt Leistung können in einer Minute etwa 85–100 g Getreide mehlfein mahlen. Standmühlen mit etwa 300 Watt mahlen in der gleichen Zeit 100–120 g Getreide mehlfein. Daher sind diese Geräte für Mengen, wie sie zum Kuchenbacken benötigt werden, gut zu gebrauchen. Das Mahlwerk der Mühlen kann aus Stahl, Stein oder Keramik bestehen. Wesentliche Unterschiede der einzelnen Typen hinsichtlich der Mahlergebnisse konnten in Untersuchungen nicht festgestellt werden. Weitere Informationen finden Sie im Fachgeschäft oder im Handbuch der Haushalts-Getreidemühlen.

Rührgeräte: Zum Rühren der Teige eignen sich in erster Linie die elektrischen Handrührgeräte oder Küchenmaschinen, die in der Regel mit Rührbesen und Knethaken ausgestattet sind.

Zerkleinerungsgeräte: Mit einer sogenannten Mandelmühle lassen sich Nüsse jeder Sorte sehr fein reiben. Zum groben oder feinen Zerkleinern von Nüssen oder Früchten eignen sich am besten die elektrischen Zerkleinerungsgeräte mit einem rotierenden Messer (Standgeräte oder Mixstab). Jedoch auch mit einem großen Messer oder einem Wiegemesser lassen sich Nüsse grob zerkleinern beziehungsweise hacken.

Palette: zum Lösen der fertig gebackenen Kuchen von der Form oder dem Blech sowie zum Heben der Kuchen auf das Kuchengitter.

Kuchenretter: gewissermaßen eine große, runde Palette aus Kunststoff, mit der man den Kuchen sehr gut aus der Form heben kann. Da der Kuchenretter Öffnungen aufweist, kann man die Kuchen auch darauf auskühlen lassen. Man sollte sie jedoch mit dem Retter auf ein Kuchengitter oder den Springformrand stellen, damit der Boden nicht feucht wird.

Zutaten von A–Z

Agar-Agar: ein pflanzliches Geliermittel, das aus Meeresalgen gewonnen wird. Agar-Agar enthält in den pro Rezept verwendeten Mengen praktisch keine Joule/Kalorien, dafür reichlich Mineralstoffe und Spurenelemente, besonders Jod. Agar-Agar kann bis zur 50fachen Menge seines eigenen Gewichts an Wasser aufnehmen und binden. Daher eignet es sich zur Herstellung von Cremes, Tortengüssen und Gelees. Darüber hinaus regt Agar-Agar die Darmtätigkeit an, wirkt entgiftend und sorgt für eine gesunde Darmflora. Agar-Agar ist als cremefarbenes Pulver im Handel. Es löst sich in heißem Wasser und bildet nach dem Abkühlen, je nach verwendeter Menge, eine schnittfeste oder cremige Masse.

Ahornsirup: wird aus dem Saft der wildwachsenden Zucker-Ahornbäume durch Einkochen gewonnen. Der Sirup enthält wegen des Erhitzens nur noch geringe Mengen an Vitaminen. Ahornsirup hat einen leicht caramelartigen Geschmack und ist gut zum Süßen von Cremes oder Sahne geeignet. Ahornsirup sollte nach dem Öffnen im Kühlschrank aufbewahrt werden.

Backpulver: siehe unter Stichwort »Weinstein-Backpulver«.

Biobin: ist ein pflanzliches Bindemittel und wird aus Johannisbrotkernen gewonnen. Biobin enthält in der pro Rezept verwendeten Menge praktisch keine Joule/Kalorien, jedoch reichlich Mineralstoffe und Spurenelemente. Biobin bindet ähnlich wie Mehl, Stärkemehl oder Eigelb und dient unter anderem zur Herstellung von Cremes, Tortenguß und zum Festigen von Schlagsahne. Biobin muß nicht erhitzt werden, es wird einfach in der angegebenen Menge in die Speise eingerührt.

Butter: ist ein natürliches Fett, das neben dem Milcheiweiß reichlich Vitamin A und Mineralstoffe enthält. Butter wird oft wegen ihres Cholesteringehaltes abgelehnt. Dazu muß gesagt werden, daß das durch Nahrung zugeführte Cholesterin nur einen kleinen Teil des im Körper gebildeten Cholesterins ausmacht und so kaum Einfluß auf den Cholesterinstoffwechsel hat. Vollwertige Ernährung wirkt dazu normalisierend auf den Cholesterinspiegel im Blut ein.

Buchweizen: ist kein Getreide, sondern ein Knöterichgewächs, das aber wie Getreide verwendet wird. Er schmeckt nußartig aromatisch. Buchweizen ist sehr vitamin- und mineralstoffreich. Als besonderen Inhaltsstoff enthält er Lecithin, das für den Cholesterinstoffwechsel besonders wichtig ist.

Carobpulver: ist die gemahlene Frucht des Johannisbrotbaumes, der im Mittelmeergebiet heimisch ist. Der Geschmack von Carobpulver ist schokoladenartig, ähnlich wie Kakao, jedoch süß, so daß man bei der Verwendung von Carob weniger Süßungsmittel verwenden kann als bei Rezepten mit Kakao. Carobpulver hat einen hohen Eiweißgehalt, viele wertvolle Vitamine, Mineralstoffe und Spurenelemente. Carob hat aufgrund seines Pektingehalts die Eigenschaft, Wasser zu binden, daher muß man bei Verwendung von Carob etwas mehr Flüssigkeit zum Teig geben als bei der Verwendung von Kakao. Feingemahlenes Carobpulver ist in gutsortierten Reformhäusern oder Naturkostläden erhältlich.

Dinkel: ist eine alte Kulturform des Weizens. Er hat einen feinen nußartigen Geschmack und einen höheren Klebergehalt als Weizen, daher ist er besonders für feines Gebäck geeignet. Da der Dinkelanbau sehr arbeitsintensiv ist, ist diese Getreidesorte leider ziemlich teuer.

Eier: sollten nach den Richtlinien der Vollwertkost nicht zu häufig konsumiert werden. Aus diesem Grunde wurden die Eimengen in diesem Buch so niedrig wie möglich gehalten. Eier sollten möglichst frisch sein und von Hühnern aus Bodenhaltung stammen.

Hafer: hat einen angenehm aromatischen Geschmack und gibt dem Gebäck eine besondere Note. Er enthält besonders große Mengen an Nähr- und Wirkstoffen. Da er keinen Kleber enthält, kann er nur zusammen mit Weizen oder Dinkel verbacken werden.

Haselnüsse: siehe unter Stichwort »Nüsse und Samen«.

Hefe: enthält Hefepilze, die im Teig einen Gärprozeß verursachen, bei dem Kohlendioxid und Alkohol entstehen. Diese werden beim Erhitzen dampfförmig und treiben den Teig hoch. Die stärkste Triebkraft hat frische Hefe. Man kann sie, gut verpackt, einige Tage im Kühlschrank, oder einige Wochen in der Tiefkühltruhe aufbewahren.

Hirse: schmeckt angenehm mild. Sie ist das mineralstoffreichste Getreide und enthält als besondere Inhaltsstoffe Kieselsäure und Fluor.

Honig: hat als natürliches Süßungsmittel in der Vollwertküche eine große Bedeutung. Damit seine wertvollen Bestandteile für die Ernährung erhalten bleiben, sollte er möglichst nicht erhitzt und daher nur begrenzt als Süßungsmittel für Kuchen verwendet werden. Beim Backen verliert Honig einen Teil seiner Süßkraft.

Korinthen: siehe unter Stichwort »Rosinen«.

Mandeln: siehe unter Stichwort »Nüsse und Samen«.

Nüsse und Samen (Haselnüsse, Mandeln, Walnüsse, Sonnenblumenkerne, Eßkastanien): sind fetthaltig und eiweißreich und daher leicht verderblich. Sie sollten möglichst frisch verwendet und erst kurz vor der Verarbeitung gemahlen werden.

Bittere Mandeln sind eine spezielle Mandelsorte, die Blausäure enthält und nur in sehr kleinen Mengen verwendet werden darf. Bittere Mandeln stets für Kinder unerreichbar aufbewahren!

Orangeat: ist die kandierte Schale von Pomeranzen oder anderen bitteren Orangensorten. Erhältlich ist es in großen Stücken oder feingewürfelt. Ungeschnittenes Orangeat hat ein intensiveres Aroma.

Rosinen: sind ebenso wie Sultaninen und Korinthen luftgetrocknete Trauben verschiedener Sorten. Während die kleinen, bläulich schwarzen Korinthen immer ungeschwefelt sind, werden die großfrüchtigen und fleischigen Rosinen oder Sultaninen häufig geschwefelt angeboten. Ungeschwefelte Produkte sind zu bevorzugen.

Stärkemehl (Wildpfeilwurzel- oder Maranthamehl, Kartoffel- oder Maisstärke): braucht man bei der Vollkornbäckerei in wenigen speziellen Fällen zur Herstellung von Cremefüllungen oder für Tortenguß. Wegen der weißen Farbe eignet es sich sehr gut zum Bestäuben von Kuchen als Ersatz für den Puderzucker, der in der Vollwertküche keine Verwendung finden sollte.

Wildpfeilwurzel- oder Maranthastärke ist ein relativ naturbelassenes Produkt, das aus verschiedenen tropischen Wurzeln gewonnen wird. Es ist leicht verdaulich und gut verträglich. Zubereitungen mit Wildpfeilwurzelmehl sollten nicht länger als 2–3 Minuten gekocht werden, da sonst die bindende Wirkung wieder nachläßt. Erhältlich ist Wildpfeilwurzelmehl in Naturkostläden.

Kartoffel- oder Maisstärke sind ziemlich hoch raffinierte Produkte, die lediglich als »Ersatzstoffe« in kleinen Mengen in der Vollwertküche Verwendung finden sollten.

Trockenfrüchte: neben Rosinen auch Feigen, Datteln, Pflaumen, Aprikosen, Äpfel und viele andere. Die getrockneten Früchte enthalten viel Fruchtzucker und können so als natürliches Süßungsmittel verwendet werden. Man sollte beim Einkauf ungeschwefelte Früchte bevorzugen.

Vanille: ist ein kostbares Gewürz, das als Schote, gemahlen als Pulver oder in Alkohol oder Öl gelöst als Extrakt erhältlich ist (Naturkostläden, Reformhäuser, Gewürzläden). Ich verwende bei den Kuchenrezepten gemahlene Vanille, da sie preisgünstiger ist als Vanilleschoten.

Weinstein-Backpulver: ist ein Teiglockerungsmittel, das vorwiegend bei Rührteigen verwendet wird, um die Triebkraft von Eiern, Fett und eingeschlagener Luft zu unterstützen. Weinstein-Backpulver besteht aus Natron und dem in Holz-Weinfässern vorkommenden natürlichen Weinstein. Im feuchten Teig entwickelt das Backpulver Kohlendioxid, das den Teig lockert. Damit diese Triebkraft erst beim Backprozeß einsetzt, soll Backpulver immer erst zum Schluß und mit dem Mehl vermischt zugegeben werden. Danach soll der Teig sofort gebacken werden.

Weizen: ist wegen seines milden Geschmacks und seines hohen Klebergehaltes für die Kuchenherstellung mit am besten geeignet. Wie alle anderen Getreidearten ist er sehr wirkstoffreich.

Zitrusfrüchte (Zitronen, Orangen): sollten für die Verwendung in der Vollkornbäckerei immer unbehandelt sein. Man kann die Schalen auch durch Tiefkühlen oder durch Einlegen in Honig konservieren.

Zitronat (Sukkade): ist die kandierte Fruchtschale der Zitronat-Zitrone vom Zedratbaum. Erhältlich ist sie am Stück oder gewürfelt. Ungeschnittenes Zitronat ist aromatischer.

Zuckerrohrgranulat: ist getrockneter Pflanzensaft aus Zuckerrohr, der auf schonende Weise gewonnen wird. Es hat einen angenehmen, leicht karamelartigen Geschmack, der im Gebäck nicht vorschmeckt. Zuckerrohrgranulat ist von den Inhaltsstoffen am besten von allen Süßmitteln zu bewerten (Tabelle). Man kann es so einsetzen wie den weißen Haushaltszucker, der bei der Vollkornbäckerei aufgrund der genannten Nachteile nicht verwendet wird. Preislich ist Zuckerrohrgranulat mit Honig vergleichbar, ist jedoch sparsamer im Gebrauch. Erhältlich ist dieses Produkt im Reformhaus.

Vergleichende Analysentabelle verschiedener Süßungsmittel. Durchschnittswerte in 100 g:

		Zuckerrohr-granulat	Brauner Zucker	Raffinierter Zucker	Ahornsirup	Bienenhonig
Brennwert	(kJ)	1580	1660	1700	1420	1380
	(kcal)	372	390	400	334	324
Proteine	(g)	1,1	–	–	–	0,2
Kohlenhydrate	(g)	92	97,6	99,8	83,5	81
Kalzium	(mg)	30	55	1	4	5
Magnesium	(mg)	60	14	0,2	5	6
Kalium	(mg)	730	90	2,2	47	47
Phosphor	(mg)	50	24	0,3	–	18
Eisen	(mg)	12	–	0,3	1,3	1,3
Vitamin B_1	(mg)	0,1	0,006	–	0,003	0,003
Vitamin B_2	(mg)	0,08	0,006	–	0,05	0,05
Niacin	(mg)	0,5	0,03	–	0,13	0,1
Pantothensäure	(mg)	1,2	–	–	–	–
Vitamin B_6	(mg)	0,5	–	–	–	–

Verlockende Kuchen – saftig und frisch

Schneller Obstkuchen

Für diesen Kuchen eignen sich fast alle Obstsorten, sowohl einzeln als auch gemischt. Man benötigt etwa 500 g Früchte. Besonders gut schmecken die Varianten mit Äpfeln, Birnen und Zwetschgen. Lassen Sie Ihrer Phantasie einfach freien Lauf.

Zutaten für eine Springform von 24–26 cm Ø :
1 Banane · 150–200 g Rhabarber (ersatzweise Johannisbeeren) · 2 große Pfirsiche · 125 g weiche Butter · 125 g Zuckerrohrgranulat oder 150 g Honig · ½ Teel. gemahlene Vanille · 3 Eier · 1–2 Eßl. Rum oder Milch · 150 g Weizen · 150 g Hafer (ersatzweise Haferflocken) · 1½ Teel. Weinstein-Backpulver · 1 unbehandelte Zitrone · 1–2 Eßl. Haferflocken, geriebene Haselnüsse oder Kleie · 50 g Mandelblättchen
Für die Form: Butter · 50 g Mandelblättchen
Bei 12 Stücken etwa 1300 kJ/310 kcal
7 g Eiweiß · 16 g Fett · 35 g Kohlenhydrate · 4 g Ballaststoffe pro Stück

- Vorbereitungszeit: etwa 20 Minuten
- Backzeit: etwa 40 Minuten

So wird's gemacht: Für den Belag die Banane schälen und in ½ cm dicke Scheiben schneiden. Den Rhabarber waschen und in 2 cm lange Stücke teilen. Die Pfirsiche 1 Minute in kochendes Wasser tauchen, kalt abschrecken, halbieren, vom Stein befreien und ebenfalls in 2–3 cm große Stücke schneiden. Das Obst zugedeckt beiseite stellen. • Den Backofen auf 180° vorheizen. • Für den Teig die Butter, das Granulat oder den Honig, die Vanille, die Eier sowie den Rum oder die Milch in eine Rührschüssel geben. Den Weizen mehlfein, den Hafer grob mahlen. Beides mit dem Backpulver mischen und in die Schüssel geben. Die Zitrone heiß waschen, abtrocknen und die Schale dazureiben. Alle Zutaten mit dem Rührbesen des Rührgerätes zu einem festen, streichfähigen Rührteig verarbeiten. • Die Form einfetten und mit den Mandelblättchen ausstreuen. • Etwa drei Viertel des Teiges in die Form füllen, glattstreichen und mit den Haferflocken, den Nüssen oder der Kleie bestreuen. Die Fruchtstücke darauf verteilen und den restlichen Teig in fünf Portionen daraufsetzen. Die Mandelblättchen darüberstreuen. • Den Kuchen auf der mittleren Schiene des heißen Backofens in etwa 40 Minuten mittelbraun backen. • Den fertigen Kuchen noch 2–3 Minuten in der Form stehenlassen. Dann den Springformrand entfernen, den Kuchen mit einer Palette vom Boden der Form lösen, auf ein Kuchengitter gleiten und auskühlen lassen.

Dekorativer Apfelbiskuit

Zutaten für eine Springform von 24–26 cm Ø :
50 g Rosinen · 1 Eßl. Rum · 50 g Haselnüsse · 5–6 mittelgroße Äpfel · 1 unbehandelte Zitrone · 200 g Weizen (oder 100 g Weizen und 100 g Buchweizen) · ¼–½ Teel. Weinstein-Backpulver · 4–5 Eiweiße · 1 Prise Salz · 4 Eßl. heißes Wasser · 150 g Zuckerrohrgranulat oder 175 g Honig · 4–5 Eigelbe · ½ Teel. gemahlene Vanille · 1–2 Eßl. Rum · eventuell etwas Wildpfeilwurzelmehl
Für die Form: Backtrennpapier oder Butter
Bei 12 Stücken etwa 920 kJ/220 kcal
5 g Eiweiß · 6 g Fett · 36 g Kohlenhydrate · 3 g Ballaststoffe pro Stück

- Vorbereitungszeit: etwa 30 Minuten
- Backzeit: 30–35 Minuten

So wird's gemacht: Den Boden der Springform mit Backtrennpapier auslegen oder sehr gründlich fetten (den Rand der Form nicht fetten). Die Rosinen mit kochendem Wasser überbrühen, 1–2 Minuten darin ziehen lassen, dann abgießen und mit dem Rum in eine Tasse geben. Die Haselnüsse feinreiben, in einer Pfanne ohne Fettzugabe etwa 5 Minuten rösten, dann zum Abkühlen beiseite stellen. Die Äpfel waschen, schälen und die Kerngehäuse mit einem Apfelausstecher entfernen. Die Zitrone heiß waschen, abtrocknen und die Schale auf einen kleinen Teller reiben. Die Zitrone auspressen, den Saft auf die Äpfel träufeln und diese mit der Öffnung nach oben in die vorbereitete Form setzen. Zugedeckt beiseite stellen. • Den Weizen sehr fein mahlen und mit dem Backpulver mischen. Den

Mit einem Apfelausstecher läßt sich das Kerngehäuse einfach und gleichmäßig aus den Früchten herauslösen.

Backofen auf 180° vorheizen. • Die Eiweiße in einer Rührschüssel mit dem Salz und dem Wasser mit dem Rührgerät in 1–2 Minuten zu steifem Schnee schlagen. Das Granulat oder den Honig, die Eigelbe und die Vanille nach und nach unterrühren. Noch etwa 1–2 Minuten weiterschlagen, bis eine feste cremige Masse entstanden ist, in der Rührspuren sichtbar bleiben. Den Rum einrühren. Das Mehl und die Zitronenschale auf die Schaummasse geben und mit dem Schneebesen vorsichtig unterheben. • Die Haselnüsse mit den eingelegten Rosinen mischen und in die Apfelöffnungen füllen. Jeweils einen Teelöffel Teig daraufsetzen. Den restlichen Teig in die Form

zwischen die Äpfel gleiten lassen. • Den Kuchen auf der unteren Schiene des heißen Backofens in 30–35 Minuten goldbraun backen. Dabei nach etwa 20 Minuten Pergamentpapier auf den Kuchen legen, damit er nicht zu dunkel wird. • Den fertigen Kuchen noch 3–4 Minuten im abgeschalteten Ofen stehenlassen, dann herausnehmen und in der Form etwa 5 Minuten abkühlen lassen. • Den Rand des Kuchens mit einem scharfen Messer lösen und den Springformrand entfernen. Den Kuchen mit einer Palette oder einem großen Messer vom Papier lösen, auf ein Kuchengitter gleiten und auskühlen lassen. • Nach Belieben mit etwas Wildpfeilwurzelmehl bestäuben.

Fruchtbiskuit

Zutaten für eine Springform von 24–26 cm ∅ : 250–300 g Früchte wie Pfirsiche, Aprikosen, Äpfel oder Kirschen · 150 g Weizen · ½ Teel. Weinstein-Backpulver · 3–4 Eiweiße · 1 Prise Salz · 3 Eßl. heißes Wasser · 100 g Zuckerrohrgranulat oder 125 g Honig · 3–4 Eigelbe · 3 Eßl. flüssige abgekühlte Butter oder Sonnenblumenöl · ½ unbehandelte Zitrone · 1–2 Eßl. Cointreau oder Rum · eventuell etwas Wildpfeilwurzelmehl Für die Form: Backtrennpapier oder Butter
Bei 12 Stücken etwa 620 kJ/150 kcal
4 g Eiweiß · 6 g Fett · 19 g Kohlenhydrate ·
2 g Ballaststoffe pro Stück

● Vorbereitungszeit: etwa 20 Minuten
● Backzeit: 15–20 Minuten

So wird's gemacht: Den Boden der Springform mit Backtrennpapier auslegen oder sehr gründlich fetten (den Rand der Form nicht fetten). • Das Obst waschen, gegebenenfalls schälen, vom Stein oder Kerngehäuse befreien und große Früchte in Stücke schneiden. Dann zugedeckt beiseite stellen. Den Weizen sehr fein mahlen und mit dem Backpulver mischen. • Den Backofen auf 180° vorheizen. • Die Eiweiße in einer Rührschüssel mit dem Salz und dem Wasser mit dem Rührgerät in etwa 1 Minute zu steifem Schnee schlagen. Das Granulat oder den Honig und die Eigelbe nach und nach unterrühren und weiterschlagen, bis eine feste, cremige Masse entstanden ist, in der Rührspuren sichtbar bleiben. • Das Mehl und die Butter oder das Öl auf die Masse geben. Die Zitrone heiß waschen, abtrocknen, die Schale abreiben und mit dem Cointreau oder dem Rum ebenfalls auf die Masse geben. Alle Zutaten vorsichtig mit dem Schneebesen vermengen und in die vorbereitete Form füllen. Den Teig glattstreichen und die Früchte rosettenartig oder unregelmäßig hineinsetzen. • Den Kuchen auf der unteren Schiene des heißen Backofens in 15–20 Minuten goldbraun backen. • Den fertigen Kuchen noch 3–4 Minuten im abgeschalteten Backofen stehenlassen, dann herausnehmen und in der Form etwa 5 Minuten abkühlen lassen. • Den Springformrand entfernen, den Kuchen mit einer Palette oder einem großen Messer vom Papier lösen, auf ein Kuchengitter gleiten und auskühlen lassen. • Den Kuchen nach Belieben mit etwas Wildpfeilwurzelmehl bestäuben.

Kirschenmichel

Dieser Kuchen weckt Kindheitserinnerungen in mir. Bei uns zu Hause wurde er, am liebsten noch warm, als Beilage zu einer deftigen Kartoffelsuppe gereicht.

Zutaten für eine Kastenform von 30 cm Länge: 500 g Süßkirschen · 5 kleine bittere Mandeln · 150 g Vollkornweizengrieß · 60 g weiche Butter · 125 g Zuckerrohrgranulat oder 150 g Honig · 2 Eier · ¼ Teel. gemahlene Vanille · 1 unbehan-

delte Zitrone · 150 g Weizen · 3 Teel. Weinstein-Backpulver · etwa 100 ccm Milch
Für die Form: Butter
Bei 15 Stücken etwa 720 kJ/170 kcal
4 g Eiweiß · 5 g Fett · 27 g Kohlenhydrate · 2 g Ballaststoffe pro Stück

- Vorbereitungszeit: etwa 20 Minuten
- Backzeit: etwa 55 Minuten

So wird's gemacht: Die Kirschen waschen, entsteinen und abtropfen lassen. Die Mandeln reiben. • Die Form fetten und mit einem Eßlöffel Grieß ausstreuen. • Den Backofen auf 180° vorheizen. • Für den Teig die Butter, das Granulat oder den Honig, die Eier, die Vanille und die Mandeln in eine Rührschüssel geben. Die Zitrone heiß waschen, abtrocknen und die Schale dazureiben. Den Weizen feinmahlen und mit dem restlichen Grieß und dem Backpulver vermischt ebenfalls dazugeben. Etwa die Hälfte der Milch angießen und alles mit den Rührbesen des Rührgerätes zu einem geschmeidigen weichen Teig verarbeiten, der schwer reißend vom Löffel gleiten soll. Die restliche Milch nur dann zugeben, wenn der Teig zu fest ist. • Jetzt die Kirschen unterrühren und den Teig in die vorbereitete Form füllen. • Den Kuchen im heißen Backofen auf der mittleren Schiene in etwa 55 Minuten mittelbraun backen. • Den fertigen Kuchen 2–3 Minuten in der Form stehenlassen, dann mit einem scharfen Messer vom Rand der Form lösen, herausnehmen und auf einem Kuchengitter auskühlen lassen.

Mein Tip Anstelle von Grieß können Sie auch mittelgrob geschroteten Weizen verwenden. Dieser Kuchen läßt sich sehr gut einfrieren.

Versunkener Apfelkuchen

Bild 2. Umschlagseite

Zutaten für eine Springform von 24–26 cm ⌀ :
4 mittelgroße Äpfel · 1 unbehandelte Zitrone ·
125 g weiche Butter · 100 g Zuckerrohrgranulat
oder 125 g Honig · 3 Eier · 200 g Weizen · 2 Teel.
Weinstein-Backpulver · 1–2 Eßl. Wildpfeilwurzel-
mehl
Für die Form: Butter oder Öl
Bei 12 Stücken etwa 930 kJ/220 kcal
4 g Eiweiß · 11 g Fett · 25 g Kohlenhydrate ·
2 g Ballaststoffe pro Stück

- Vorbereitungszeit: etwa 20 Minuten
- Backzeit: 30–35 Minuten

So wird's gemacht: Die Äpfel waschen, schälen, halbieren oder vierteln und von den Kerngehäusen befreien. Die Oberseiten mit einem Messer mehrmals längs und quer einritzen. • Die Zitrone heiß abwaschen, abtrocknen und durchschneiden. Eine Hälfte auspressen, den Saft auf die Äpfel träufeln, kurz durchmischen und zugedeckt beiseite stellen. • Die Springform einfetten und den Backofen auf 200° vorheizen. • Für den Teig die Butter, das Granulat oder den Honig und die Eier in eine Rührschüssel geben. Die Schale der restlichen Zitronenhälfte in die Rührschüssel reiben. Den Weizen mehlfein mahlen, mit dem Backpulver vermischen und ebenfalls dazugeben. Alle Zutaten mit dem Rührbesen des Rührgerätes zu einem festen, streichfähigen Rührteig verarbeiten. • Den Teig in die vorbereitete Form geben, glattstreichen, und die Apfelstücke mit der eingeritzten Seite nach oben rosettenartig auf dem Teig verteilen. • Die Form auf die mittlere Schiene in den vorgeheizten Backofen schieben und den Kuchen in 30–35 Minuten mittelbraun backen. • Den fertigen Kuchen

noch etwa 2–3 Minuten in der Form stehenlassen. Dann den Springformrand entfernen, den Kuchen mit einer Palette vom Springformboden lösen, auf ein Kuchengitter gleiten und auskühlen lassen. • Zuletzt mit etwas Wildpfeilwurzelmehl bestäuben.

> **Mein Tip** Diesen Kuchen kann man auch auf einem Blech backen. Man braucht dann die doppelte Menge der Rezeptzutaten.

Gedeckter Apfelkuchen

Ein Klassiker unter den Apfelkuchen-Rezepten, der Erinnerungen an Omas Kaffeetafel wachruft.

Zutaten für eine Springform von 24–26 cm ⌀ :
350 g Weizen · 2 Teel. Weinstein-Backpulver ·
80 g Zuckerrohrgranulat oder 100 g Honig ·
1 Prise Salz · ½ Teel. gemahlene Vanille · 1 Ei ·
1–2 Eßl. Milch · 125 g kalte Butter
Für den Belag: 2–4 Eßl. Korinthen · 3 Eßl. Rum ·
1–1,5 kg säuerliche Äpfel · 3–4 Eßl.
Zitronensaft · 2 Eßl. Butter · 1–2 Eßl. Ahornsirup
oder Zuckerrohrgranulat · 1 Eßl. Zimtpulver
Für die Form: Butter oder Öl
Bei 12 Stücken etwa 1300 kJ/310 kcal
4 g Eiweiß · 13 g Fett · 42 g Kohlenhydrate ·
3 g Ballaststoffe pro Stück

- Vorbereitungszeit: etwa 45 Minuten
- Backzeit: etwa 35 Minuten

So wird's gemacht: Für den Teig den Weizen sehr fein mahlen und mit dem Backpulver vermischt in eine Rührschüssel oder auf die Arbeitsfläche geben. Das Granulat oder den Honig, das Salz, die Vanille, das Ei und die Milch auf das Mehl geben und leicht einrühren. Die Butter in kleine Stücke schneiden und auf die Mehlmischung setzen. • Alle Zutaten mit den Knethaken des Handrührgerätes oder von Hand schnell zu einem glatten, geschmeidigen Teig verkneten. (Sollte er zu weich sein und an den Händen kleben, 5–10 Minuten kühl stellen.) • Den Backofen auf 200° vorheizen. Die Springform leicht ausfetten. • Von dem Teig etwa ein Drittel abnehmen, zu einer flachen Kugel formen und abgedeckt in den Kühlschrank stellen. Die größere Hälfte des Teiges zu einer flachen Kugel formen und in die Mitte der Form geben. Mit den Händen zu einem gleichmäßigen Boden ausdrücken und mit den Fingerspitzen einen 2–3 cm breiten Rand hochziehen. • Den Teigboden mehrmals mit einer Gabel einstechen und auf der mittleren Schiene im vorgeheizten Backofen in etwa 10 Minuten goldbraun vorbacken. • Für den Belag die Korinthen mit 1–2 Tassen heißem Wasser überbrühen, 5 Minuten ziehen lassen, abspülen und mit dem Rum in eine Tasse geben. Die Äpfel waschen, schälen, vierteln und vom Kerngehäuse befreien. Dann in etwa ½ cm dicke Scheibchen schneiden, mit dem Zitronensaft beträufeln und vermischen. • Die Butter in einem Topf schmelzen. Die Apfelscheibchen, den Ahornsirup oder das Granulat, das Zimtpulver und die Korinthen mit dem Rum dazugeben. Alles unter vorsichtigem Umrühren etwa 2–3 Minuten dünsten und

danach etwa 5 Minuten abkühlen lassen. • Für den »Deckel« des Apfelkuchens den restlichen Teig auf einem Stück Pergamentpapier oder Klarsichtfolie (mit einem Geschirrtuch als Unterlage) in der Größe der Springform ausrollen. Die Apfelmasse auf den vorgebackenen Teigboden füllen und glattstreichen. Die ausgewellte Teigplatte mit der Folie oder dem Papier nach oben auf die Füllung legen. Die Folie oder das Papier abziehen und die Teigränder leicht zusammendrücken. • Den Kuchen auf der mittleren Schiene in etwa 25 Minuten fertigbacken. • Den Kuchen in der Form 2–3 Minuten abkühlen lassen. Den Springformrand entfernen, den Kuchen mit einer Palette vom Boden lösen, auf ein Gitter gleiten und auskühlen lassen.

Varianten: Man kann als Füllung auch die gleiche Menge anderer Früchte verwenden, wie zum Beispiel Birnen oder Kirschen. Da beim Dünsten der entsteinten Kirschen Saft austritt, sollte die Kirschenmasse durch die Zugabe von 1–2 Teelöffeln Agar-Agar oder von 1–2 Meßlöffeln Biobin angedickt werden.

Russischer Apfelkuchen

Zutaten für eine Kastenform von 30 cm Länge:
125 g Haselnüsse · 4 mittelgroße Äpfel ·
125 g weiche Butter · 125 g Zuckerrohrgranulat
oder 150 g Honig · ½ Teel. gemahlene Vanille ·
1 Teel. Zimtpulver · 2 Eßl. Carobpulver · 3 Eier ·
250 g Weizen · 3 Teel. Weinstein-Backpulver ·
1–2 Eßl. Rum
Für die Form: Butter oder Öl
Bei 12 Stücken etwa 1300 kJ/310 kcal
6 g Eiweiß · 17 g Fett · 31 g Kohlenhydrate ·
4 g Ballaststoffe pro Stück

● Vorbereitungszeit: etwa 20 Minuten
● Backzeit: 60–70 Minuten

Mein Tip Wenn Sie den Weizen nicht fein genug mahlen können, nehmen Sie einfach etwas mehr Weizen und sieben dann die Kleie ab, die Sie zum Beispiel bei sehr saftigem Belag auf den Teigboden streuen, oder für ein Müsli verwenden können.

So wird's gemacht: Die Nüsse feinreiben. • Die Kastenform ausfetten und den Boden mit 1 Eßlöffel der Haselnüsse ausstreuen. Den Backofen auf 180° vorheizen. • Die Äpfel schälen, vierteln, vom Kerngehäuse befreien, mittelgrob raspeln oder in Stifte teilen, dann zugedeckt beiseite stellen. • Für den Teig die Butter, das Granulat oder den Honig, die Vanille, das Zimt- und Carobpulver sowie die Eier in eine Rührschüssel geben. Den Weizen mehlfein mahlen, mit dem Backpulver vermischen und dazufügen. Den Rum, die Nüsse und die geraspelten Äpfel ebenfalls dazugeben und alles mit den Rührbesen des Rührgerätes gründlich verrühren. • Den Teig in die vorbereitete Form gleiten lassen und glattstreichen. Die Form auf die untere Schiene in den vorgeheizten Backofen schieben und den Kuchen in 60–70 Minuten mittelbraun backen. • Die Stäbchenprobe machen, den fertigen Kuchen herausnehmen und noch etwa 2–3 Minuten in der Form stehenlassen. Dann, wenn nötig, mit einem scharfen Messer vom Rand der Form lösen. Den Kuchen herausnehmen und auf einem Gitter auskühlen lassen.

Rotweinkuchen

Zutaten für eine Kastenform von 25 cm Länge:
125 g weiche Butter · 125 g Zuckerrohrgranulat oder 150 g Honig · 3 Eier · ¼ Teel. gemahlene Vanille · 1 Teel. Zimtpulver · 50 g Carobpulver · 250 g Weizen · 3 gestrichene Teel. Weinstein-Backpulver · etwa ⅛ l Rotwein
Für die Form: Butter oder Öl · 1–2 Eßl. Sonnenblumenkerne
Bei 12 Stücken etwa 1000 kJ/240 kcal
6 g Eiweiß · 12 g Fett · 24 g Kohlenhydrate · 2 g Ballaststoffe pro Stück

- Vorbereitungszeit: etwa 15 Minuten
- Backzeit: 50–60 Minuten

So wird's gemacht: Die Form fetten und mit den Sonnenblumenkernen ausstreuen. • Den Backofen auf 180° vorheizen. • Die Butter, das Granulat oder den Honig, die Eier, die Vanille, das Zimt- und Carobpulver in eine Rührschüssel geben. Den Weizen mehlfein mahlen, mit dem Backpulver vermischen und dazugeben. • Alles mit den Rührbesen des Rührgerätes in etwa 1 Minute zu einem cremigen Teig verarbeiten und zum Schluß so viel Rotwein einrühren, daß der Teig schwer reißend vom Löffel gleitet. • Den Teig in die vorbereitete Kastenform füllen und glattstreichen. Den Kuchen dann auf der unteren Schiene des vorgeheizten Backofens in 50–60 Minuten mittelbraun backen. • Die Stäbchenprobe machen und den Kuchen herausnehmen. Den fertigen Kuchen noch etwa 2–3 Minuten in der Form stehenlassen. Dann, wenn nötig, mit einem Messer vom Rand der Form lösen, herausnehmen und auf einem Gitter auskühlen lassen.

Mein Tip Verfeinern Sie den Teig mit 50–100 g selbstgerösteten Sonnenblumenkernen, die Sie am Schluß unter den Teig rühren.

Die Bilder zeigen von links nach rechts Schritt für Schritt die Herstellung des Schwäbischen Hefezopfes. Während der Hefeteig bis zum doppelten Volumen aufgeht, wird die Nußfüllung zubereitet. Dann wird der Teig ausgewellt, mit der Füllung bestrichen und aufgerollt. Die Teigrolle wird der Länge nach durchgeschnitten, die zwei entstandenen Stränge werden nochmals längs halbiert. Jeweils zwei der Teigstränge werden, mit den Schnittflächen nach oben, umeinander geschlungen und anschließend knusprig braun gebacken. Rezept Seite 31.

Ländlicher Obstkuchen mit Hefeteig

Zutaten für eine Springform von 26 cm Ø oder ein Backblech
125 ccm lauwarme Milch · 20 g Hefe · 30 g Zuckerrohrgranulat oder 50 g Honig · 1 Prise Salz ·
1 Eigelb · 250 g Weizen · 40 g weiche Butter ·
½ unbehandelte Zitrone
Für den Belag: 500–600 g Früchte, wie zum Beispiel Zwetschgen oder Äpfel · 20 g Butter ·
25–50 g Mandelblättchen oder -stifte
Zum Bestreuen: Zimt- oder Delifrutpulver
Für die Form oder das Blech: Butter oder Öl
Bei 12 Stücken etwa 770 kJ/180 kcal
4 g Eiweiß · 8 g Fett · 24 g Kohlenhydrate ·
4 g Ballaststoffe pro Stück

● Vorbereitungszeit einschließlich Ruhezeit: etwa 60 Minuten
● Backzeit: 30–35 Minuten

So wird's gemacht: Die Milch, die Hefe, das Granulat oder den Honig, das Salz und das Eigelb in einer Schüssel verrühren. Den Weizen mehlfein mahlen, zu den in der Schüssel verrührten Zutaten geben und alles mit den Knethaken des Rührgerätes kurz vermischen. Die Butter in kleinen Flöckchen dazugeben. Die Zitronenhälf-

te heiß abwaschen, abtrocknen und die Schale in die Schüssel reiben. ● Alles mit dem Rührgerät in etwa 3–4 Minuten oder von Hand in 7–8 Minuten gründlich verkneten, bis der Teig glänzt und sich von der Schüssel löst. Sollte der Teig am Schüsselrand kleben, noch 1 Eßlöffel Mehl unterkneten. ● Den Teig zu einer Kugel formen, leicht mit Mehl bestäuben und zugedeckt 25–30 Minuten, möglichst in warmer Umgebung, gehen lassen, bis sich sein Volumen etwa verdoppelt hat. ● Eine Springform oder ein Backblech gründlich fetten. ● Die Zwetschgen waschen, abtropfen lassen und vom Stein befreien. Oder die Äpfel schälen, vierteln, vom Kerngehäuse befreien und in schmale Schnitze schneiden. ● Den gegangenen Teig kurz durchkneten, zu einer Kugel formen und auf dem Boden der Springform mit den Händen gleichmäßig ausdrücken oder auf dem Backblech auswellen. Nochmal 5–10 Minuten gehen lassen. ● Die Zwetschgen oder die Äpfel dachziegelartig auf dem Teigboden verteilen. Die Butter in Flöckchen auf den Belag setzen und die Mandelblättchen oder -stifte darüberstreuen. ● Den Backofen auf 200° einstellen. Den Kuchen auf der mittleren Schiene in etwa 30–35 Minuten bakken, bis der Boden und die Ränder knusprig und braun sind. ● Den Kuchen herausnehmen, gegebenenfalls den Springformrand entfernen oder die Teigplatte auf dem Blech in 2 oder 4 Teile schneiden. Den Kuchen mit einer Palette vom Boden der Form lösen, auf ein Gitter setzen und auskühlen lassen. ● Etwas Zimt- oder Delifrutpulver und nach Belieben etwas Zuckerrohrgranulat über den fertigen Kuchen streuen.

Variante: Streuselkuchen
Anstelle von Butterflöckchen und Mandelblättchen kann man auch Streusel über den Obstbelag verteilen, die man aus 150 g feingemahlenem Weizen, 75 g Zuckerrohrgranulat oder Honig, 75 g kalter Butter und 1 Messerspitze Zimtpulver mit den Händen oder den Knethaken des Rühr-

◁ Wer schon einmal im Engadin in Urlaub war, hat vielleicht diese Schweizer Spezialität kennengelernt, die selbstgemacht besonders gut schmeckt. Rezept für den Engadiner Nußkuchen Seite 23.

gerätes zu einer krümeligen Masse verarbeitet. Für einen Streuselkuchen ohne Obst nimmt man die doppelte Menge der Streuselzutaten.

Mein Tip Für Zwetschgenkuchen eignen sich die sogenannten Spätzwetschgen, die sehr süß sind, am besten, da man kaum nachsüßen muß. Spätzwetschgen reifen ab Mitte September. Wenn Sie diesen Kuchen auf dem Backblech backen, wird der Boden dünn und knusprig. Wenn Sie einen dickeren Boden bevorzugen, nehmen Sie die doppelte Menge der angegebenen Zutaten.

Pfälzer Sauerkirschkuchen

Zutaten für eine Springform von 24–26 cm Ø : 150 g Haselnüsse · 75 g Buchweizen · 2 Teel. Weinstein-Backpulver · 400–500 g Sauer- oder Süßkirschen · 40–50 g Butter · 3–4 Eiweiße · 1 Prise Salz · 3 Eßl. heißes Wasser · 125 g Zuckerrohrgranulat oder 150 g Honig · 3–4 Eigelbe · 1–2 Eßl. Kirschwasser · 5 Eßl. Carobpulver · eventuell etwas Wildpfeilwurzelmehl Für die Form: Backtrennpapier
Bei 12 Stücken etwa 980 kJ/230 kcal
6 g Eiweiß · 13 g Fett · 23 g Kohlenhydrate · 3 g Ballaststoffe pro Stück

- Vorbereitungszeit: etwa 20 Minuten
- Backzeit: 30–35 Minuten

So wird's gemacht: Die Haselnüsse feinreiben, den Buchweizen feinmahlen und beides mit dem Backpulver vermischen. Die Kirschen waschen,

entsteinen und abtropfen lassen. Die Butter in einem Topf schmelzen und zum Abkühlen beiseite stellen. • Den Boden einer Springform mit Backtrennpapier auslegen. Den Backofen auf 180° vorheizen. • Die Eiweiße in einer Schüssel mit dem Salz und dem Wasser mit dem Rührgerät in 1–2 Minuten zu steifem Schnee schlagen. Das Granulat oder den Honig und die Eigelbe nach und nach unterrühren und noch etwa 1 Minute weiterschlagen, bis eine feste cremige Masse entstanden ist, in der Rührspuren sichtbar bleiben. Das Kirschwasser, die Butter und das Carobpulver einrühren. Die Nuß-Buchweizen-Backpulvermischung auf die Schaummasse geben und mit dem Schneebesen vorsichtig unterheben. • Die Schaummasse in die Springform füllen und glattstreichen. Die Kirschen gut verteilt in die Masse gleiten lassen und die Form sofort auf die untere Schiene in den vorgeheizten Backofen schieben. • Den Kuchen in 30–35 Minuten mittelbraun backen, dabei etwa nach 20 Minuten mit Pergamentpapier abdecken, damit die Oberfläche nicht zu dunkel wird. • Den fertigen Kuchen noch 5 Minuten im abgeschalteten Backofen stehenlassen, dann herausnehmen, und in der Form 10 Minuten abkühlen lassen. • Den Rand des Kuchens mit einem scharfen Messer lösen und den Springformrand entfernen. Das Kuchengitter auf die Oberseite des Kuchens legen, Kuchen und Gitter festhalten und umdrehen. Den Boden der Form entfernen und das Backtrennpapier abziehen. • Zur Verzierung nach Belieben mit Wildpfeilwurzelmehl bestäuben.

Variante: Pfirsichkuchen
Man braucht dafür etwa 2 große Pfirsiche, die etwa 1 Minute in kochendes Wasser getaucht und danach mit kaltem Wasser abgeschreckt werden. Dann zieht man die Haut ab, schneidet den Pfirsich einmal durch und dreht ihn vom Stein. Die Pfirsichhälften werden in Schnitze geschnitten und rosettenartig in der Schaummasse versenkt.

Bananenkuchen

Zutaten für eine Springform von 24–26 cm Ø :
3 Eiweiße · 1 Prise Salz · 3 Eßl. heißes Wasser ·
80–100 g Zuckerrohrgranulat oder 100–125 g
Honig (je nach Reifegrad der Bananen) ·
125 g Butter · 3 Eigelbe · 1 Stück frischer Ingwer
von etwa 1 cm Länge (ersatzweise Ingwerpulver) ·
½ Teel. gemahlene Vanille · je ¼ Teel. Zimtpulver,
Nelkenpulver und Muskatblüte · 1 unbehandelte
Zitrone · 300 g Weizen (oder 200 g Weizen und
100 g Hirse) · 3 Teel. Weinstein-Backpulver ·
50 g Haselnüsse · 1 Eßl. Rum · 3 große Bananen
Für die Form: Butter oder Öl
Bei 12 Stücken etwa 1200 kJ/290 kcal
6 g Eiweiß · 14 g Fett · 32 g Kohlenhydrate ·
4 g Ballaststoffe pro Stück

- Vorbereitungszeit: etwa 30 Minuten
- Backzeit: 35–45 Minuten

So wird's gemacht: Die Springform gründlich
fetten. Den Backofen auf 180° vorheizen. • Die
Eiweiße mit dem Salz und dem Wasser steif
schlagen. Etwa ein Drittel des Granulats oder
des Honigs unterrühren und den Eischnee beiseite stellen. • Die Butter in einer Schüssel mit
den Rührbesen des Rührgerätes cremig rühren,
dann nach und nach das restliche Granulat oder
den Honig und die Eigelbe einrühren. Etwa
1–2 Minuten weiterrühren, bis die Masse cremig
ist. • Die Ingwerwurzel schälen und sehr fein
schneiden. Mit der Vanille, dem Zimt-, dem
Nelken- und dem Muskatpulver auf die
Schaummasse geben. Die Zitrone heiß waschen,
abtrocknen und die Schale in die Schüssel reiben. Die Zitrone dann auspressen. Den Weizen
feinmahlen, mit dem Backpulver mischen und
ebenfalls in die Schüssel geben. Die Nüsse feinreiben und mit dem Rum und etwas Zitronensaft
hinzufügen. Zwei Bananen schälen und mit dem
Mixstab pürieren oder mit einer Gabel sehr

gründlich zerdrücken. Das Püree zu den anderen
Zutaten in die Schüssel geben und alles gründlich verrühren. Den Eischnee dazugeben und mit
dem Schneebesen vorsichtig unterheben. • Den
Teig in die Form füllen und glattstreichen. Die
restliche Banane schälen, in etwa ½ cm dicke
Scheiben schneiden, mit dem restlichen Zitronensaft beträufeln und ringförmig auf den Teig
legen. • Den Kuchen auf der mittleren Schiene
des heißen Backofens in 35–45 Minuten goldbraun backen. • Die Stäbchenprobe machen,
den fertigen Kuchen herausnehmen und 2–3 Minuten in der Form abkühlen lassen. Dann den
Springformrand entfernen, den Kuchen mit
einer Palette vom Boden der Form lösen, auf ein
Kuchengitter gleiten und auskühlen lassen.

Schweizer Möhren-Nußkuchen

Zutaten für eine Springform von 24–26 cm Ø :
250 g Möhren · 250 g Haselnüsse · 50 g Weizen ·
5 Eiweiße · 1 Prise Salz oder 1–2 Teel.
Zitronensaft · 5 Eßl. heißes Wasser · 180 g Zuk-
kerrohrgranulat oder 200 g Honig · 5 Eigelbe ·
1 Eßl. Kirschwasser · 1 Messerspitze Nelkenpulver
Für die Form: Backtrennpapier
Zum Verzieren: 1–2 Eßl. Wildpfeilwurzelmehl
Bei 12 Stücken etwa 1000 kJ/240 kcal
6 g Eiweiß · 15 g Fett · 22 g Kohlenhydrate ·
5 g Ballaststoffe pro Stück

- Vorbereitungszeit: etwa 25 Minuten
- Backzeit: 50–55 Minuten

So wird's gemacht: Die Möhren waschen, wenn
nötig abschaben oder dünn schälen, feinraspeln
und abgedeckt beiseite stellen. Die Haselnüsse
feinreiben. Den Weizen mehlfein mahlen. • Den
Boden einer Springform mit Backtrennpapier

auslegen. Den Backofen auf 170° vorheizen. • Die Eiweiße in eine mittelgroße Rührschüssel geben und mit dem Salz oder dem Zitronensaft und dem Wasser mit den Rührbesen des Rührgeräts in 1–2 Minuten zu steifem Schnee schlagen. Das Granulat oder den Honig und die Eigelbe nach und nach unterrühren und noch etwa 1 Minute weiterschlagen, bis eine feste, cremige Masse entstanden ist, in der Rührspuren sichtbar bleiben. Das Kirschwasser und das Nelkenpulver unterrühren. Die Möhren, die Nüsse und das Mehl auf die Schaummasse geben und alles mit einem Schneebesen vorsichtig unterheben. • Die Masse in die Springform füllen, glattstreichen und auf der unteren Schiene im vorgeheizten Backofen in 50–55 Minuten mittelbraun backen. Dabei nach etwa 20 Minuten den Kuchen mit Pergamentpapier abdecken, damit die Oberfläche nicht zu dunkel wird. • Den Kuchen noch etwa 5 Minuten im ausgeschalteten Backofen stehenlassen, dann herausnehmen und in der Form etwa 10 Minuten abkühlen lassen. • Dann den Kuchen mit einem scharfen Messer vom Rand lösen und den Springformrand entfernen. Das Kuchengitter auf die Oberseite des Kuchens legen, Kuchen und Gitter festhalten und umdrehen. Den Boden der Form entfernen und das Backtrennpapier abziehen. • Zur Verzierung mit Wildpfeilwurzelmehl bestäuben.

Zucchinikuchen

Sind Sie Hobbygärtner und wissen Sie manchmal nicht wohin mit dem reichen Zucchini-Erntesegen? Versuchen Sie doch mal, das vielseitige Gemüse in einem Kuchen zu verwerten!

Zutaten für eine Kastenform von 25 cm Länge:
100 g Haselnüsse · 250–300 g Zucchini ·
65 g weiche Butter · 125 g Zuckerrohrgranulat
oder 150 g Honig · 1 Prise Salz · 2 Eier · 1½ Eßl.
Zimtpulver · 1 Teel. gemahlene Vanille · 250 g
Weizen · 2 Teel. Weinstein-Backpulver
Für die Form: Butter oder Öl · 1 Eßl. Sonnen-
blumenkerne
Bei 12 Stücken etwa 990 kJ/240 kcal
6 g Eiweiß · 12 g Fett · 26 g Kohlenhydrate ·
3 g Ballaststoffe pro Stück

● Vorbereitungszeit: etwa 20 Minuten
● Backzeit: 60–70 Minuten

<u>So wird's gemacht:</u> Die Kastenform ausfetten und den Boden mit den Sonnenblumenkernen ausstreuen. • Die Nüsse reiben. Die Zucchini waschen, mittelgrob raspeln oder in feine Stifte schneiden und zugedeckt beiseite stellen. • Den Backofen auf 180° vorheizen. • Für den Teig die Butter, das Granulat oder den Honig, das Salz, die Eier, das Zimtpulver, die Vanille und die Haselnüsse in eine Rührschüssel geben. • Den Weizen mehlfein mahlen, mit dem Backpulver vermischen und dazugeben. Alles mit den Rührbesen des Rührgerätes in etwa 1 Minute zu einem cremigen Teig verrühren. Die Zucchini dazugeben und gründlich untermischen. • Den Teig in die vorbereitete Kastenform füllen und glattstreichen. Den Kuchen auf die untere Schiene in den vorgeheizten Backofen schieben und in 60–70 Minuten mittelbraun backen. • Die Stäbchenprobe machen und den Kuchen herausnehmen. • Den fertigen Kuchen noch etwa 3–5 Minuten in der Form stehenlassen. Dann, wenn nötig, mit einem scharfen Messer aus der Form lösen, herausnehmen und auf einem Gitter auskühlen lassen.

Schneller Nußbiskuit

Zutaten für eine Springform von 24–26 cm ⌀:
200 g Nüsse (Haselnüsse, Mandeln oder Wal-
nüsse) · 4 Eiweiße · 1 Prise Salz · 4 Eßl. heißes
Wasser · 100 g Zuckerrohrgranulat oder 125 g
Honig · 4 Eigelbe · 1 Eßl. Rum · 1 unbehandelte
Zitrone
Für die Form: Backtrennpapier
Zum Verzieren: 1–2 Eßl. Wildpfeilwurzelmehl
Bei 12 Stücken etwa 710 kJ/170 kcal
4 g Eiweiß · 12 g Fett · 11 g Kohlenhydrate ·
3 g Ballaststoffe pro Stück

● Vorbereitungszeit: etwa 15 Minuten
● Backzeit: 30–35 Minuten

So wird's gemacht: Den Boden der Springform
mit Backtrennpapier auslegen. Den Backofen
auf 180° vorheizen. • Die Nüsse feinreiben. •
Die Eiweiße mit dem Salz und dem Wasser mit
dem Rührgerät in 1–2 Minuten zu steifem
Schnee schlagen. Das Granulat oder den Honig
und die Eigelbe nach und nach unterrühren und
noch etwa 1 Minute weiterschlagen, bis eine feste, cremige Masse entstanden ist, in der Rührspuren sichtbar bleiben. Den Rum einrühren.
Die Zitrone heiß waschen, abtrocknen und die
Schale auf die Schaummasse reiben. Die Nüsse
hinzufügen und mit einem Schneebesen vorsichtig unterheben. • Die Schaummasse in die
Springform füllen und auf der unteren Schiene
im vorgeheizten Backofen in 30–35 Minuten
goldbraun backen. Dabei nach etwa 20 Minuten
den Kuchen mit Pergamentpapier abdecken, damit die Oberfläche nicht zu dunkel wird. • Den
fertigen Kuchen noch etwa 5 Minuten im abgeschalteten Backofen stehenlassen, dann herausnehmen und in der Form etwa 10 Minuten abkühlen lassen. • Den Rand des Kuchens mit
einem scharfen Messer lösen und den Springformrand entfernen. Das Kuchengitter auf die
Oberseite des Kuchens legen, Kuchen und Gitter
festhalten und umdrehen. Den Boden der Form
entfernen und das Backtrennpapier abziehen.

Mein Tip Damit Biskuitkuchen saftig
bleiben, kann man beim weiteren Auskühlen und Lagern einfach die Springform
über den Kuchen stülpen. Diesen Kuchen
kann man auch sehr gut mit Sahne und/
oder Früchten füllen.

Engadiner Nußkuchen

Bild Seite 18

Zutaten für eine Springform von 24–26 cm ⌀:
350 g Weizen · 150 g Butter · 65 g Zuckerrohrgra-
nulat oder 90 g Honig · 1 Prise Salz · 1 Ei oder
2–3 Eßl. Mineralwasser
Für den Belag: 100 g Walnüsse · 100 g Hasel-
nüsse · 100 g Mandeln · 50 g Butter · 100 g
Zuckerrohrgranulat oder 125 g Honig · ½ Tasse
heißes Wasser · ½ Tasse Sahne · eventuell
1–2 Eßl. Kirschwasser oder Amaretto
Für die Form: Butter oder Öl
Zum Bestreichen: 1 Eigelb · 2–3 Eßl. Milch
Bei 12 Stücken etwa 2000 kJ/480 kcal
9 g Eiweiß · 33 g Fett · 36 g Kohlenhydrate ·
6 g Ballaststoffe pro Stück

● Vorbereitungszeit einschließlich Kühlzeit:
   etwa 60 Minuten
● Backzeit: 30–35 Minuten

So wird's gemacht: Den Weizen sehr fein mahlen
(falls nicht möglich 2 Eßlöffel mehr Weizen verwenden und die Kleie aussieben). Das Mehl in
eine Schüssel oder auf die Arbeitsfläche geben
und falls es beim Mahlen warm wurde, etwas ab-

kühlen lassen, damit die Butter nicht weich wird. Die Butter in kleinen Stückchen auf das Mehl setzen und alles schnell mit den Fingern oder mit den Knethaken des Handrührgerätes gleichmäßig verkrümeln und in der Mitte eine Mulde eindrücken. Das Granulat oder den Honig, das Salz und das Ei oder die Flüssigkeit in die Mulde geben und leicht einrühren. Dann alle Zutaten schnell zu einem glatten Teig verkneten. Den Teig in zwei Drittel und ein Drittel aufteilen, jeweils zu einer flachen Kugel formen und etwa 30 Minuten zugedeckt kühl stellen. • Inzwischen für den Belag die Nüsse grobhacken. In einer Pfanne ohne Fettzugabe etwa 5 Minuten lang rösten, bis sie aromatisch duften und danach abkühlen lassen. • Die Butter in einer Pfanne zerlassen, das Granulat oder den Honig dazugeben und unter Rühren weiter erhitzen, bis das Granulat cremig wird oder der Honig zu schäumen beginnt. Jetzt sofort die gehackten Nüsse unterrühren sowie das Wasser, die Sahne und eventuell das Kirschwasser oder den Amaretto dazugießen. Alles zu einer dickflüssigen Masse einkochen und anschließend abkühlen lassen. • Den Backofen auf 180° vorheizen. Den Boden einer Springform leicht fetten. • Die große Teigkugel in die Mitte der Form legen und mit den Fingern zu einem gleichmäßigen Boden ausdrücken. Dabei mit den Fingerspitzen einen etwa 3 cm hohen Rand formen. Den Teigboden mehrmals mit einer Gabel einstechen. • Die Nußfüllung auf den Teigboden geben und gleichmäßig verstreichen. Die kleine Teigkugel auf einem Stück Pergamentpapier oder Klarsichtfolie (mit einem Geschirrtuch als Unterlage!) etwa 3–4 mm dick auswellen. Mit dem Teigrädchen oder dem Messer etwa 2–3 cm breite Streifen abschneiden und diese gitterartig auf den Kuchen legen. Das Eigelb mit der Milch verrühren und die gesamte Kuchenoberfläche damit bestreichen. • Den Kuchen auf der mittleren Schiene im vorgeheizten Backofen in 30–35 Minuten mittelbraun backen. • Den fertigen Kuchen etwa 2–3 Minuten in der Form abkühlen lassen, dann den Springformrand entfernen, den Kuchen mit der Palette von der Form lösen, auf ein Gitter gleiten und auskühlen lassen.

Marmorkuchen

Zutaten für eine Kastenform von 30 cm Länge oder für eine große Kranz- oder Napfkuchenform:
4–5 Eiweiße · 1 Prise Salz · 4 Eßl. heißes Wasser · 200 g Zuckerrohrgranulat oder 250 g Honig · 250 g weiche Butter · 4–5 Eigelbe · 350 g Weizen · 1 Teel. Weinstein-Backpulver · 8 Eßl. Rum (oder zur Hälfte durch Milch ersetzt) · 3 Eßl. Carobpulver
Für die Form: Butter oder Öl
Bei 16 Stücken etwa 1200 kJ/290 kcal
5 g Eiweiß · 15 g Fett · 26 g Kohlenhydrate · 2 g Ballaststoffe pro Stück

- Vorbereitungszeit: etwa 20 Minuten
- Backzeit: 55–65 Minuten

So wird's gemacht: Die Backform gründlich fetten. Den Backofen auf 180° vorheizen. • Die Eiweiße mit dem Salz und dem Wasser steif schlagen. Etwa ein Drittel des Granulats oder des Honigs unterrühren und die Masse beiseite stellen. • Die Butter in einer mittelgroßen Rührschüssel mit dem Rührbesen des Rührgeräts cremig rühren, dann nach und nach das restliche Granulat oder den Honig und die Eigelbe einrühren und so lange weiterrühren, bis in der Masse Rührspuren sichtbar bleiben. Den Weizen mehlfein mahlen, mit dem Backpulver vermischen und unter die Masse rühren. So viel Rum beziehungsweise Milch zugeben, daß der Teig schwer reißend vom Löffel gleitet. Den Eischnee mit einem Schneebesen vorsichtig unterheben. • Die Hälfte des Teiges in die vorbereitete Form füllen. Den restlichen Teig mit dem Carobpulver mischen, und diese dunkle Teigmasse ebenfalls in die Form geben. Mit einer Gabel durch Drehbewegungen den dunklen mit dem hellen Teig leicht vermischen, dann an der Oberfläche glattstreichen. • Den Kuchen auf der unteren Schiene im vorgeheizten Backofen in 55–65 Minuten mittelbraun backen. • Die Stäbchenprobe machen und den fertigen Kuchen herausnehmen. Den Kuchen noch etwa 3–5 Minuten in der Form stehenlassen, dann auf ein Gitter stürzen und auskühlen lassen.

Variante: Gewürzkuchen
Man gibt das Carobpulver zu der gesamten Teigmasse und fügt zusätzlich 1 Eßlöffel Zimtpulver sowie je ½ Teelöffel gemahlenen Koriander, gemahlene Nelken, gemahlene Vanille und gemahlene Muskatblüte dazu.

> **Mein Tip** Für eine kleine Kastenform von 25 cm Länge benötigt man die Hälfte der angegebenen Zutaten. Die Backzeit dafür beträgt 45–50 Minuten.

Ungarischer Maronikuchen

Durch ihren mehligen Kern mit dem leicht süßlichen Geschmack eignen sich Maroni hervorragend zum Kuchenbacken, da man wesentlich weniger Süßungsmittel und überhaupt kein Mehl benötigt.

Zutaten für eine Springform von 24–26 cm Ø :
Etwa 20 große Eßkastanien (frisch, getrocknet oder aus der Dose) · 3 Eiweiße · 1 Prise Salz ·
125 g Butter · 80 g Zuckerrohrgranulat oder 100 g
Honig · 3 Eigelbe · 150 g Mandeln · 5–10 kleine bittere Mandeln · 50 g Zitronat · 1 unbehandelte Zitrone · eventuell etwas Wildpfeilwurzelmehl
Für die Form: Butter oder Backtrennpapier
Bei 12 Stücken etwa 1100 kJ/260 kcal
5 g Eiweiß · 18 g Fett · 22 g Kohlenhydrate ·
2 g Ballaststoffe pro Stück

● Vorbereitungszeit: etwa 40 Minuten
● Backzeit: 25–30 Minuten

So wird's gemacht: Die frischen Kastanien mit einem Messer oder einer Küchenschere an der Spitze kreuzweise einschneiden und in etwa 1 Liter Wasser in etwa 20 Minuten weich kochen. Dann auf einem Sieb kalt abschrecken. Die feste äußere Schale und das innere Häutchen mit einem kleinen spitzen Messer entfernen. Oder die getrockneten Maroni nach Vorschrift einweichen. Die weichen Maroni mit einer Gabel zerdrücken. • Die Springform fetten oder mit Backtrennpapier auslegen und den Backofen auf 200° vorheizen. • Die Eiweiße mit dem Salz steif schlagen und beiseite stellen. Die Butter in einer Schüssel cremig rühren, dann nach und nach das Granulat oder den Honig und die Eigelbe dazugeben und alles in 1–2 Minuten zu einer cremigen Masse verrühren. • Alle Mandeln feinreiben, mit dem Maronipüree zu der Crememasse geben und gründlich unterrühren. Das Zitronat kleinwürfeln und dazugeben. Die Zitrone heiß waschen, abtrocknen und die Schale auf die Masse reiben. • Den Eischnee vorsichtig mit einem Schneebesen unterheben, die Masse in die vorbereitete Form füllen und glattstreichen. • Den Kuchen auf der mittleren Schiene im heißen Backofen in 25–30 Minuten goldbraun backen. • Den fertigen Kuchen etwa 2–3 Minuten in der Form stehenlassen, dann den Springformrand entfernen. Den Kuchen mit einer Palette auf ein Kuchengitter heben und auskühlen lassen. • Nach Belieben mit etwas Wildpfeilwurzelmehl bestäuben.

Früchtebrot

Bild nebenstehend

Zutaten für 2 Kastenformen von je 30 cm Länge:
200 g Rosinen · 10 Eßl. Rum · 200 g getrocknete
Birnen · 200 g getrocknete Pflaumen ·
200 g getrocknete Feigen · 200 g getrocknete
Aprikosen · 25 g Zitronat · 25 g Orangeat ·
250 g Haselnüsse · 1 Teel. Zimtpulver ·
½ Teel. Nelkenpulver · 1 Prise Anispulver ·
500 g Weizen · 20 g Hefe · 1 Teel. Zuckerrohr-
granulat oder Honig
Für die Form: Butter oder Öl, Weizenmehl ·
Alufolie
Bei 24 Stücken etwa 1170 kJ/280 kcal
5 g Eiweiß · 8 g Fett · 42 g Kohlenhydrate ·
7 g Ballaststoffe pro Stück

- Vorbereitungszeit einschließlich Quellzeit
  und Ruhezeit: 2 Tage
- Backzeit: etwa 70 Minuten

So wird's gemacht: Die Rosinen mit kochendem Wasser übergießen, einige Minuten darin ziehen lassen, dann das Wasser abgießen. Die Rosinen mit dem Rum übergießen und zugedeckt ziehen lassen. Die restlichen Trockenfrüchte in eine große Schüssel geben und mit so viel kochendem Wasser übergießen, daß es etwa 2 cm über den Früchten steht. Die Schüssel abdecken und die Trockenfrüchte etwa 5–6 Stunden quellen lassen. (Die Früchte dürfen nicht zu weich werden.) • Dann das Einweichwasser abgießen und auffangen. Die gequollenen Früchte in etwa 1 cm große Stücke schneiden und wieder in die Schüssel geben. Jetzt die Rosinen und den Rum, das zerkleinerte Zitronat und Orangeat, die Nüsse, das Zimt-, Nelken- und Anispulver hinzufügen und alles gründlich verrühren. Das Ganze abgedeckt über Nacht durchziehen lassen. • Am nächsten Morgen den Weizen mehlfein mahlen, in eine Rührschüssel geben und in der Mitte eine Mulde formen. Die Hefe mit etwa 3–4 Eßlöffeln Einweichwasser und dem Granulat oder dem Honig glattrühren, in die Mulde einrühren und mit Mehl bestäuben. Zugedeckt etwa 4–6 Stunden bis zum Nachmittag gehen lassen. • Das Mehl mit dem gut gegangenen Vorteig verrühren, die Trockenfrüchte-Nußmischung einarbeiten und so viel Einweichwasser dazugeben, daß ein nicht zu weicher Teig entsteht. Den Teig nochmals abgedeckt 2–3 Stunden bis zum Abend gehen lassen. • Die Kastenformen gründlich fetten und mit Mehl ausstreuen. Die gut gegangene Teigmasse einfüllen. (Die Form darf nur höchstens zu drei Vierteln gefüllt sein.) Oder aus dem Teig, eventuell mit etwas mehr Mehl, kleine feste Laibe formen. Die Früchtebrote mit gefetteter Alufolie abdecken, auf die untere Schiene in den kalten Backofen schieben und dort noch einmal über Nacht gehen lassen. • Am nächsten Morgen den Backofen auf 200° einschalten und die Kuchen etwa 50 Minuten, die Laibe etwa 30 Minuten backen. Die Alufolie abnehmen und noch etwa 20 Minuten weiterbacken, bis die Oberseite schön gebräunt ist. • Die fertigen Kuchen noch 10–15 Minuten in der Form abkühlen lassen, dann herausnehmen und auskühlen lassen. Die Früchtebrote 1–2 Tage kühl und luftig lagern, dann in Folie verpacken und kühl aufbewahren. Auf diese Weise kann man die Früchtebrote etwa 2–3 Monate aufbewahren, in der Tiefkühltruhe bis zu 1 Jahr.

Die Zubereitung des Früchtebrotes ist zwar recht aufwendig, aber das Ergebnis lohnt die Mühe. Als kleiner Laib gebacken und hübsch verpackt ist es ein willkommenes Gastgeschenk. Rezept auf dieser Seite. ▷

Kaffeekuchen

Zutaten für eine Kastenform von 25 cm Länge:
65 g weiche Butter · 125 g Zuckerrohrgranulat
oder 150 g Honig · ½ Teel. gemahlene Vanille ·
2 Eier · 200 g Weizen · 1 Teel. Weinstein-
Backpulver · 100 g Kaffeesatz · 2–3 Eßl. Kaffee
Für die Form: Butter oder Öl
Bei 12 Stücken etwa 640 kJ/150 kcal
3 g Eiweiß · 6 g Fett · 20 g Kohlenhydrate ·
2 g Ballaststoffe pro Stück

● Vorbereitungszeit: etwa 15 Minuten
● Backzeit: 40–50 Minuten

So wird's gemacht: Die Form gründlich fetten
und den Backofen auf 180° vorheizen. • Die
Butter, das Granulat oder den Honig, die Vanille
und die Eier in eine Rührschüssel geben und
kurz verrühren. • Den Weizen mehlfein mahlen
und mit dem Backpulver vermischen. Das Mehl
und den Kaffeesatz in die Schüssel geben und
unterrühren. So viel Kaffee hinzufügen, daß der
Teig schwer reißend vom Löffel gleitet. • Den
Teig in die vorbereitete Form gleiten lassen, glattstreichen und den Kuchen auf der unteren Schiene im vorgeheizten Backofen in 40–50 Minuten
mittelbraun backen. • Die Stäbchenprobe machen und den fertigen Kuchen herausnehmen.
In der Form etwa 5 Minuten stehenlassen, dann
auf ein Gitter stürzen und auskühlen lassen.

◁ Der Kuchen nach Linzer Art mit dem Vollkorn-Mürb-
teig und der selbst zubereiteten Füllung entfaltet sein
volles Aroma erst nach einigen Tagen und läßt sich gut
verpackt einige Wochen aufbewahren. Rezept auf dieser Seite.

Kuchen nach Linzer Art
Bild nebenstehend

Zutaten für eine Springform von 24–26 cm Ø :
200 g Weizen · 150 g Mandeln oder Haselnüsse ·
1 Teel. Zimtpulver · ¼ Teel. Nelkenpulver · 2 Eßl.
Carobpulver · 125 g weiche Butter · 100 g Zucker-
rohrgranulat oder 125 g Honig · 1 Prise Salz ·
1 Ei · 3–4 Eßl. Kirschwasser (ersatzweise Rum
oder Milch)
Für den Belag: 150 g gemischte Trockenfrüchte,
wie zum Beispiel Aprikosen, Pflaumen oder
Datteln · 100 g frische oder tiefgefrorene Himbee-
ren oder Johannisbeeren
Für die Form: Butter oder Öl
Bei 12 Stücken etwa 1300 kJ/310 kcal
6 g Eiweiß · 17 g Fett · 31 g Kohlenhydrate ·
5 g Ballaststoffe pro Stück

● Quellzeit: 1–1½ Stunden
● Vorbereitungszeit: etwa 50 Minuten
● Backzeit: 40–50 Minuten

So wird's gemacht: Für den Belag die Trockenfrüchte mit heißem Wasser übergießen und
1–1½ Stunden quellen lassen, bis sie weich
sind. • Inzwischen den Weizen mehlfein mahlen.
Die Mandeln oder Haselnüsse feinreiben. Das
Mehl, die Nüsse, das Zimt-, Nelken- und Carobpulver in eine Schüssel geben. Die Butter in kleinen Stückchen auf das Mehl setzen. Das Granulat oder den Honig, das Salz, das Ei und das
Kirschwasser dazugeben und alles mit dem
Rührgerät gründlich zu einem geschmeidigen festen Teig verarbeiten. Den Teig etwa 30 Minuten
kühl stellen. • Die Springform leicht fetten. •
Die eingeweichten Trockenfrüchte abgießen, mit
einem Messer grob zerkleinern und dann zusammen mit den frischen oder tiefgefrorenen Früchten mit einem Mixstab oder Zerkleinerungsgerät
pürieren. • Den Backofen auf 180° vorheizen. •

Die Hälfte des Teiges in die Form geben und mit den Händen zu einem gleichmäßig dicken Boden ausdrücken. Dabei mit den Fingerspitzen einen etwa 1 cm hohen Rand hochziehen. Das Fruchtpüree auf den Teigboden streichen. Die andere Hälfte des Teiges in eine Tortenspritze oder einen Spritzbeutel mit großer Lochtülle füllen und den Teig gitterförmig aufspritzen (Streifenabstand etwa 2 cm). Den restlichen Teig als Ring auf den Rand des Kuchens spritzen. • Den Kuchen auf der mittleren Schiene im vorgeheizten Backofen in 40–50 Minuten mittelbraun backen. • Den fertigen Kuchen etwa 2–3 Minuten in der Form abkühlen lassen, dann den Springformrand entfernen. Den Kuchen mit der Palette von der Form lösen, auf ein Gitter gleiten und auskühlen lassen. • Vor dem Anschneiden mindestens 2 Tage durchziehen lassen.

> **Mein Tip** Gut verpackt kann man diesen Kuchen an einem kühlen Ort einige Wochen aufbewahren. Anstelle des Fruchtpürees können Sie auch Himbeer- oder Johannisbeermarmelade verwenden.

Buchweizen-Nußkuchen

Zutaten für eine Kastenform von 25 cm Länge:
75 g Haselnüsse · 100 g Buchweizen · 2 Eßl.
Sonnenblumenkerne · 3 Eiweiße · 1 Prise Salz ·
125 g Zuckerrohrgranulat oder 150 g Honig ·
125 g weiche Butter · 3 Eigelbe · 75 g Weizen ·
½ Teel. Weinstein-Backpulver · 1–2 Eßl. Rum
Für die Form: Butter oder Öl · 1 Eßl. Vollkornmehl
Bei 12 Stücken etwa 1100 kJ/260 kcal
5 g Eiweiß · 16 g Fett · 22 g Kohlenhydrate ·
2 g Ballaststoffe pro Stück

- Vorbereitungszeit: etwa 30 Minuten
- Backzeit: etwa 40 Minuten

So wird's gemacht: Die Nüsse feinreiben und in einer trockenen Pfanne unter ständigem Rühren goldbraun rösten. Auf einen Teller zum Abkühlen geben. Von dem Buchweizen 2 Eßlöffel abnehmen, mit den Sonnenblumenkernen ebenfalls in die Pfanne geben und goldbraun rösten. Dann zu den Nüssen geben. • Eine Kastenform gründlich fetten und mit dem Mehl ausstreuen. Den Backofen auf 180° vorheizen. • Für den Teig die Eiweiße mit dem Salz steif schlagen, etwa ein Drittel des Granulats oder des Honigs dazugeben, unterrühren und die Masse beiseite stellen. • Die Butter mit den Rührbesen des Rührgerätes cremig rühren. Nach und nach das restliche Granulat oder den Honig und die Eigelbe hinzufügen und etwa 1–2 Minuten weiterrühren. Den Weizen und den restlichen Buchweizen zusammen mehlfein mahlen, mit dem Backpulver vermischen und auf die cremige Masse geben. Die geröstete Nußmischung und den Rum ebenfalls dazugeben und alles gründlich verrühren. Den Eischnee auf die Teigmasse geben und mit dem Schneebesen vorsichtig unterheben. • Den Teig in die vorbereitete Form gleiten lassen, glattstreichen und den Kuchen auf der unteren Schiene im vorgeheizten Backofen in etwa 40 Minuten goldbraun backen. • Die Stäbchenprobe machen und den Kuchen herausnehmen. Den fertigen Kuchen noch etwa

> **Mein Tip** Dieser Kuchen hat eine feinporige »sandige« Konsistenz. Wenn Sie ihn großporig und locker bevorzugen, rühren Sie zuerst die Eigelbe mit dem Granulat oder dem Honig schaumig und geben erst dann die Butter zu. Verfahren Sie dann weiter wie im Rezept beschrieben.

3–5 Minuten in der Form stehenlassen. Wenn nötig, mit einem scharfen Messer vom Rand der Form lösen, dann auf ein Gitter stürzen und auskühlen lassen.

Schwäbischer Hefezopf

Bild Seite 17

Zutaten für 1 etwa 35 cm langen Zopf:
250 ccm lauwarme Milch · 40 g frische Hefe
(1 Würfel) · 60 g Zuckerrohrgranulat oder 80 g
Honig · 1 Prise Salz · 1 Ei · 500 g Weizen ·
½ unbehandelte Zitrone · 60 g weiche Butter
Für die Füllung: 3–4 Eßl. Rosinen · 1 Eßl. Rum ·
100 g Haselnüsse oder Mandeln · 1 Eiweiß ·
2–3 Eßl. Zuckerrohrgranulat, Honig oder
Ahornsirup · 3–4 Eßl. Milch
Für das Blech: Butter oder Öl
Zum Bestreichen: 1 Eigelb
Bei 18 Stücken etwa 850 kJ/200 kcal ·
6 g Eiweiß · 8 g Fett · 25 g Kohlenhydrate ·
4 g Ballaststoffe pro Stück

● Vorbereitungszeit einschließlich Ruhezeit: etwa 75 Minuten
● Backzeit: 35–40 Minuten

So wird's gemacht: Die Milch, die Hefe, das Granulat oder den Honig, das Salz und das Ei in einer Schüssel verrühren. ● Den Weizen mehlfein mahlen, in die Schüssel geben und mit den Knethaken des Rührgerätes oder dem Rührlöffel kurz mit den anderen Zutaten verrühren. Die Zitronenhälfte heiß waschen, abtrocknen und die Schale in die Schüssel reiben. Die weiche Butter in Flöckchen auf die Masse setzen. ● Alle Zutaten mit dem Rührgerät in etwa 3–4 Minuten, oder von Hand in 7–8 Minuten, zu einem geschmeidigen Teig verkneten, bis er glänzt und sich von der Schüssel löst. Sollte der Teig am Schüsselrand kleben, noch 1–2 Eßlöffel Mehl unterkneten. Sollte er zu fest sein, noch 1–2 Eßlöffel Milch einarbeiten. ● Den Teig zu einer Kugel formen, leicht mit Mehl bestäuben und zugedeckt etwa 25–30 Minuten, möglichst in warmer Umgebung, gehen lassen, bis sich sein Volumen etwa verdoppelt hat. ● Ein Backblech gut fetten. ● Den gut gegangenen Teig nochmals kurz durchkneten und auf dem Blech etwa ½ cm dick zu einem Rechteck ausrollen. Abgedeckt erneut etwa 5–10 Minuten gehen lassen. ● Für die Füllung die Rosinen mit kochendem Wasser überbrühen, 1–2 Minuten darin ziehen lassen, dann abtropfen lassen und mit dem Rum mischen. Die Haselnüsse oder die Mandeln feinreiben. Das Eiweiß steif schlagen. Das Granulat, den Honig oder den Sirup, die Nüsse und die Rosinen mit dem Rum unterrühren. So viel Milch hinzufügen, daß die Masse geschmeidig wird. Diese mit einem Teigschaber oder Eßlöffel auf die Teigplatte streichen; dabei rundherum einen Rand von etwa 1 cm freilassen. ● Die Teigplatte von der Längsseite her aufrollen und so auf dem Blech zurechtlegen, daß die offene Teigkante nach unten zu liegen kommt. Die Teigrolle mit den Händen leicht zusammendrücken, und mit einem großen scharfen Messer die Hälfte der Teigrolle längs einmal durchschneiden. Die beiden aufgeschnittenen Teigstücke mit beiden Händen halten und 1–2 mal überkreuzen, so daß die aufgeschnittenen Teigkanten nach oben zu liegen kommen. Mit der anderen Seite der Teigrolle genauso verfahren. ● Den Zopf zugedeckt nochmals 10–15 Minuten gehen lassen. ● Den

Mein Tip Der Zopf kann auch zu einem Ring geschlossen werden. Damit die Enden zusammenhalten, sollten diese vor dem Zusammenfügen gut mit Eigelb bestrichen werden.

Backofen auf 200° einstellen, den Zopf mit dem verquirlten Eigelb bestreichen und auf der mittleren Schiene in etwa 35–40 Minuten knusprig mittelbraun backen. • Den gebackenen Zopf vorsichtig mit Hilfe einer Palette auf ein Kuchengitter heben und auskühlen lassen.

Elsässer Guglhupf

Bild 3. Umschlagseite

Die Elsässer reichen den Guglhupf nicht nur zum Kaffee, sondern auch zum Aperitif oder zu einem Gläschen Gewürztraminer oder Tokayer. Vielleicht haben Sie sich sogar von einem Ausflug ins Elsaß eine der typischen Guglhupfformen aus Steingut mitgebracht, und sie als Dekoration an die Wand gehängt. Benutzen Sie sie doch mal wieder!

Zutaten für eine Guglhupf- oder Napfkuchenform von etwa 25 cm ⌀ :
40 g frische Hefe (1 Würfel) · 200 ccm lauwarme Milch · 60 g Zuckerrohrgranulat oder 80 g Honig · 2 Eier · 1 Prise Salz · 500 g Weizen · 125 g weiche Butter · 50–100 g Rosinen · 100–150 g Mandeln · 2 Eßl. Rum
Für die Form: Butter
Bei 16 Stücken etwa 1100 kJ/260 kcal
7 g Eiweiß · 13 g Fett · 28 g Kohlenhydrate · 4 g Ballaststoffe pro Stück

- Vorbereitungszeit einschließlich Ruhezeit: etwa 75 Minuten
- Backzeit: 50–60 Minuten

So wird's gemacht: Die Hefe in eine große Schüssel bröckeln und mit der Milch, dem Granulat oder dem Honig, den Eiern und dem Salz verrühren. • Den Weizen mehlfein mahlen, in die Schüssel geben und mit den Knethaken des Rührgerätes oder mit einem Rührlöffel kurz unterrühren. Die weiche Butter in Flöckchen auf die Masse setzen und alles mit dem Rührgerät in etwa 3–4 Minuten oder von Hand in 7–8 Minuten gründlich verkneten, bis sich der Teig von der Schüssel löst. Sollte der Teig am Schüsselrand kleben, noch 1–3 Eßlöffel Mehl unterkneten. Sollte er zu fest sein, noch 1–3 Eßlöffel Milch einarbeiten. • Den Teig mit etwas Mehl überstäuben und zugedeckt etwa 25–30 Minuten, möglichst in warmer Umgebung, gehen lassen, bis sich sein Volumen etwa verdoppelt hat. • Die Rosinen und 20 ganze Mandeln mit kochendem Wasser überbrühen, 1–2 Minuten darin ziehen lassen, dann abschütten und kalt abschrecken. Die Mandeln häuten und beiseite legen. Die Rosinen mit dem Rum begießen und stehenlassen. • Eine Guglhupfform gründlich fetten. Die geschälten Mandeln in die Vertiefungen der Guglhupfform legen. Die restlichen Mandeln mittelgrob hacken. • Den gut gegangenen Teig kurz durchkneten. Die Rosinen mit dem Rum und die Mandeln untermischen. • Den Teig in die Form füllen und nochmals etwa 30 Minuten zugedeckt gehen lassen, bis er den Rand der Form erreicht hat. • Den Backofen auf 180° einschalten. Die Form auf die untere Schiene in den kalten Backofen schieben und in 50–60 Minuten mittelbraun backen. • Den Kuchen 4–5 Minuten in der Form stehenlassen. Dann auf ein Kuchengitter stürzen und auskühlen lassen.

Mein Tip Hefekuchen werden in den nicht vorgeheizten Backofen geschoben, da der Teig bei der steigenden Hitze noch weiter gehen kann.

Norddeutscher Butterkuchen

Zutaten für ein Backblech:
250 ccm lauwarme Milch · 40 g frische Hefe
(1 Würfel) · 60 g Zuckerrohrgranulat oder 80 g
Honig · 1 Prise Salz · 1 Ei · 500 g Weizen ·
½ unbehandelte Zitrone · 30 g weiche Butter
Für den Belag: 100 g Mandeln · 125 g kalte
Butter · 4 Eßl. Zuckerrohrgranulat
Für das Blech: Butter oder Öl
Bei 16 Stücken etwa 1100 kJ/260 kcal
6 g Eiweiß · 13 g Fett · 29 g Kohlenhydrate ·
4 g Ballaststoffe pro Stück

- Vorbereitungszeit einschließlich Ruhezeit: etwa 60 Minuten
- Backzeit: 25–30 Minuten

So wird's gemacht: Die Milch, die Hefe, das Granulat oder den Honig, das Salz und das Ei in einer Schüssel verrühren. • Den Weizen mehlfein mahlen, zu den Zutaten in die Schüssel geben und mit den Knethaken des Rührgerätes oder dem Rührlöffel kurz unterrühren. Die Zitronenhälfte heiß abwaschen, abtrocknen, die Schale abreiben und hinzufügen. Die Butter in Flöckchen auf die Masse setzen und alles mit dem Rührgerät in etwa 3–4 Minuten, oder von Hand in 7–8 Minuten, zu einem geschmeidigen Teig verkneten, bis er glänzt und sich von der Schüssel löst. Sollte der Teig am Schüsselrand kleben, noch 1–2 Eßlöffel Mehl unterkneten. Sollte er zu fest sein, noch 1–2 Eßlöffel Milch einarbeiten. • Den Teig zu einer Kugel formen, leicht mit Mehl bestäuben und zugedeckt etwa 25–30 Minuten, möglichst in warmer Umgebung, gehen lassen, bis sich sein Volumen etwa verdoppelt hat. • Inzwischen die Mandeln mit kochendem Wasser überbrühen, etwa 1 Minute darin ziehen lassen, dann kalt abschrecken und die Schale entfernen. Die Mandeln in Stifte oder Blättchen schneiden oder grobhacken. Das Backblech gründlich fetten und auf ein Tuch legen. • Den gegangenen Teig kurz zusammenkneten, in die Mitte des Bleches legen und mit dem Nudelholz oder den Händen gleichmäßig auf dem Blech verteilen. • Die Butter in kleinen Stückchen gleichmäßig auf dem Teig verteilen. Den Teig nochmals 5–10 Minuten gehen lassen. • Den Backofen auf 200° einstellen. Die Mandeln und das Granulat auf der Teigplatte verteilen und den Kuchen auf der mittleren Schiene in 25–30 Minuten knusprig braun backken. • Den Kuchen auf dem Blech in 2 oder 4 rechteckige Stücke schneiden, diese mit der Palette vom Blech lösen, auf ein Kuchengitter setzen und auskühlen lassen.

Obstkuchen mit Rahm-guß nach Elsässer Art

Bild Seite 37

Für diesen Kuchen braucht man kaum Süßungsmittel, da der Teig ganz dünn ist und die Früchte die Hauptsache ausmachen. Die Wahl der Früchte steht Ihnen frei, doch möchte ich Ihnen die Apfel- und die Mirabellen-Variante ganz besonders empfehlen!

Zutaten für eine Spring- oder Obstbodenform von
24–26 cm ⌀ :
200 g Weizen · 100 g kalte Butter · 1 Eßl. Zuckerrohrgranulat, Honig oder Ahornsirup · 1 Prise
Salz · ½ Tasse Weißwein oder Mineralwasser
Für den Belag: etwa 500 g Obst, wie zum Beispiel
säuerliche Äpfel
Für den Guß: 1 Ei · ⅛ l süße oder saure Sahne ·
1–2 Eßl. Ahornsirup oder Zuckerrohrgranulat
je nach Süße der Früchte) · ½ Teel. gemahlene
Vanille
Für die Form: Butter oder Öl
Bei 12 Stücken etwa 850 kJ/200 kcal
3 g Eiweiß · 12 g Fett · 19 g Kohlenhydrate ·
2 g Ballaststoffe pro Stück

- Vorbereitungszeit einschließlich Kühlzeit:
  60–70 Minuten
- Backzeit: etwa 40 Minuten

So wird's gemacht: Den Weizen sehr fein mahlen (falls nicht möglich, 2 Eßlöffel mehr Weizen nehmen und die Kleie aussieben). Das Mehl in eine Teigschüssel oder auf die Arbeitsfläche geben. Die Butter in kleinen Stückchen auf das Mehl setzen, alles schnell mit den Fingern oder mit den Knethaken des Handrührgerätes gleichmäßig verkrümeln und in der Mitte eine Mulde eindrücken. Das Granulat, den Honig oder den Ahornsirup, das Salz und die Flüssigkeit in die

Mulde geben, leicht einrühren und dann alle Zutaten zügig zu einem glatten Teig verkneten. • Den Teig zu einer Kugel formen und 15–30 Minuten abgedeckt kühl stellen. • Den Backofen auf 200° vorheizen. Die Springform oder Obstkuchenform leicht fetten, die Teigkugel flachdrücken, auf dem Boden der Form gleichmäßig mit den Händen ausdrücken und dabei einen 1–2 cm hohen Rand formen. • Den Teigboden mehrmals mit einer Gabel einstechen und auf

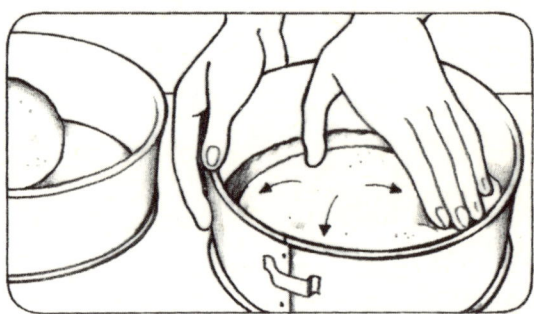

Die Mürbteigkugel in die Springform geben und den Teig mit den Fingern am Boden und Rand der Form gleichmäßig andrücken.

der mittleren Schiene im vorgeheizten Backofen in etwa 10–15 Minuten hellbraun vorbacken. • Den Backofen auf 225° hochschalten. • Die Äpfel schälen, vom Kerngehäuse befreien, in schmale Schnitze schneiden und diese von außen beginnend kreisförmig auf den vorgebackenen Boden legen. • Für den Guß das Ei und die Sahne mit dem Sirup oder dem Granulat und der Vanille verquirlen und über die Äpfel gießen. •

Mein Tip Dieser Kuchen schmeckt auch mit Mirabellen, Birnen, Zwetschgen, Aprikosen und Brombeeren ganz ausgezeichnet.

Die Form auf die mittlere Schiene in den heißen Backofen schieben und noch etwa 30 Minuten backen, bis die Oberseite goldbraun ist. • Den Kuchen in der Form 2–3 Minuten abkühlen lassen. Den Springformrand entfernen, den Kuchen mit einer Palette von der Form lösen, dann auf ein Gitter gleiten und auskühlen lassen.

Rhabarberkuchen mit Hafer-Nußbaiser

Zutaten für eine Springform von 24–26 cm ⌀ :
125 g weiche Butter · 125 g Zuckerrohrgranulat
oder 150 g Honig · 2–3 Eigelbe · je 1 Messerspitze
Nelken- und Zimtpulver · 1 Prise Salz ·
250 g Weizen · 1 Teel. Weinstein-Backpulver ·
1 unbehandelte Zitrone
Für den Belag: 500–700 g Rhabarber · 2 Bananen
Für den Guß: 50 g Hafer · 150 g Haselnüsse ·
2–3 Eiweiße · 1 Prise Salz · 80 g Zuckerrohr-
granulat oder 100 g Honig · ½ Teel. Zimtpulver
Für die Form: Butter oder Öl
Bei 12 Stücken etwa 1500 kJ/360 kcal
7 g Eiweiß · 19 g Fett · 42 g Kohlenhydrate ·
6 g Ballaststoffe pro Stück

● Vorbereitungszeit: etwa 40 Minuten
● Backzeit: etwa 40 Minuten

So wird's gemacht: Für den Belag den Rhabarber waschen, abtropfen lassen, in etwa 2 cm lange Stücke schneiden und in eine ausreichend große Schüssel geben. Die Bananen schälen, in ½ cm dicke Scheiben schneiden und abgedeckt beiseite stellen. • Für das Baiser den Hafer grobschroten, die Nüsse feinreiben und beides ebenfalls beiseite stellen. • Die Springform fetten und mit 1 Eßlöffel der Haselnüsse ausstreuen. • Für den Teig die Butter, das Granulat oder den Honig, die Eigelbe, das Nelken- und Zimtpulver

und das Salz in eine Rührschüssel geben. Den Weizen mehlfein mahlen, mit dem Backpulver vermischen und dazugeben. Die Zitrone heiß abwaschen, trocknen und die Schale in die Rührschüssel reiben. • Alle Zutaten mit dem Rührgerät zu einem festen Rührteig verarbeiten. • Den Teig in die vorbereitete Springform geben und mit den Händen zu einem gleichmäßigen Boden ausdrücken. Dabei mit den Fingern einen etwa 3 cm breiten Rand hochziehen. • Den Backofen auf 180° vorheizen. • Für den Guß die Eiweiße mit dem Salz steif schlagen, das Granulat oder den Honig nach und nach dazugeben und etwa 2–3 Minuten mit dem Rührgerät weiterschlagen, bis die Masse dickschaumig ist. Den Hafer, die Haselnüsse und das Zimtpulver unter die Eiweißmasse heben. Diese zu den geschnittenen Rhabarberstückchen geben und untermengen. • Die Bananenscheiben auf dem Teigboden verteilen, die Rhabarber-Baiser-Mischung daraufgleiten lassen und mit einem Löffel glattstreichen. • Den Kuchen auf die untere Schiene in den vorgeheizten Backofen schieben und in etwa 40 Minuten goldbraun backen. • Den fertigen Kuchen noch etwa 5 Minuten im abgeschalteten Backofen stehenlassen, dann herausnehmen und 2–3 Minuten auskühlen lassen. Den Rand des Kuchens mit einem scharfen Messer lösen und den Springformrand entfernen. Den Kuchen mit einer Palette von der Form lösen, auf ein Gitter gleiten und auskühlen lassen.

Mein Tip Rhabarber muß man nur schälen, wenn die Stengel älter sind (Juni-Ernte); dicke Stengel können vor dem Zerkleinern zuerst längs durchgeschnitten werden. Rhabarber sollte man nicht vorher süßen, da sonst in den entstehenden Saft, der nicht verwendet wird, wertvolle Mineralstoffe und Vitamine übergehen.

Schwäbischer Träubleskuchen

Zutaten für eine Springform von 24–26 cm ⌀ :
200 g Weizen · 50 g weiche Butter · 2 Eigelbe ·
60 g Zuckerrohrgranulat oder 80 g Honig · 1 un-
behandelte Zitrone · 2–3 Eßl. Zitronensaft oder
Weißwein · 2 Eßl. Sahne · 1 Prise Salz · 1 Teel.
Weinstein-Backpulver
Für den Belag: 500 g Johannisbeeren · 125 g Ha-
selnüsse oder Mandeln · 3 Eiweiße · 3 Eßl. heißes
Wasser · 100 g Zuckerrohrgranulat oder
125 g Honig · 1 Eigelb · 1 Eßl. Rum oder
Cointreau
Für die Form: Butter oder Öl
Bei 12 Stücken etwa 1100 kJ/260 kcal
5 g Eiweiß · 13 g Fett · 30 g Kohlenhydrate ·
7 g Ballaststoffe pro Stück

● Vorbereitungszeit: etwa 50 Minuten
● Backzeit: 45–50 Minuten

<u>So wird's gemacht:</u> Für den Belag die Johannis-
beeren waschen, mit einer Gabel oder den Fingern von den Rispen streifen und auf einem Sieb
abtropfen lassen. Die Nüsse feinreiben. • Den
Boden der Form ausfetten. • Für den Teig den
Weizen mehlfein mahlen. Die Butter, die Eigelbe, das Granulat oder den Honig in eine Rührschüssel geben. Die Zitrone heiß abwaschen, abtrocknen und die Schale in die Rührschüssel
reiben. Die Zitrone dann auspressen und

2–3 Eßlöffel des Zitronensaftes oder den Weißwein ebenfalls dazugeben. Die Sahne, das Salz
und das mit dem Backpulver vermischte Mehl in
die Rührschüssel geben und alle Zutaten mit den
Knethaken des Rührgerätes zu einem festen
Rührteig verarbeiten. Dann mit dem Gummischaber in die vorbereitete Form streichen. •
Den Backofen auf 180° vorheizen. • Für das
Baiser die Eiweiße mit dem Wasser in einer mittelgroßen Rührschüssel steif schlagen, das Granulat oder den Honig dazugeben und untermischen. Das Eigelb und den Rum oder den
Cointreau ebenfalls unterrühren. Die gemahlenen Nüsse und die gut abgetropften Johannisbeeren dazugeben und alles mit einem Schneebesen vorsichtig unterheben. • Die Baisermasse
auf den Teigboden gleiten lassen und glattstreichen. Die Form auf die mittlere Schiene in den
vorgeheizten Backofen schieben und den Kuchen 45–50 Minuten backen. • Den Kuchen
nach dem Abschalten noch 5 Minuten im Backofen stehenlassen, dann herausnehmen und
2–3 Minuten abkühlen lassen. Den Rand des
Kuchens mit einem scharfen Messer lösen und
den Springformrand entfernen. Den Kuchen mit
einer Palette von der Form lösen, auf ein Gitter
gleiten und auskühlen lassen.

> **Mein Tip** Besonders interessant
> schmeckt dieser Kuchen, wenn Sie Johan-
> nisbeeren und Stachelbeeren gemischt
> verwenden. Die Obstmenge bleibt wie im
> Rezept angegeben.

Ein ganz dünner Mürbteig und viel frisches Obst sind   ▷
die Hauptsache bei diesem Obstkuchen mit Rahmguß
nach Elsässer Art. Schmeckt mit Äpfeln, Birnen,
Zwetschgen, Aprikosen oder Brombeeren ganz ausgezeichnet. Rezept Seite 34.

Quarkkuchen

Bild nebenstehend

Zutaten für eine Springform von 26 cm Ø :
200 g Weizen · 100 g kalte Butter · 60 g Zucker-
rohrgranulat oder 80 g Honig · 1 Prise Salz ·
1–2 Eßl. Weißwein, Mineralwasser oder
Zitronensaft · ½ Teel. Zimtpulver oder abgeriebe-
ne Zitronenschale
Für den Belag: 50–100 g Rosinen · 500 g Schicht-
käse · 250 g Magerquark · 200 g Sahne ·
5 Eier · 125 g Zuckerrohrgranulat oder 150 g
Honig · 1 unbehandelte Zitrone · 2 Eßl. Weizen ·
½ Teel. Weinstein-Backpulver
Für die Form: Butter oder Öl
Bei 12 Stücken etwa 1400 kJ/330 kcal
14 g Eiweiß · 15 g Fett · 34 g Kohlenhydrate ·
2 g Ballaststoffe pro Stück

- Vorbereitungszeit einschließlich Kühlzeit:
  etwa 45 Minuten
- Backzeit: 65–70 Minuten

<u>So wird's gemacht:</u> Den Weizen sehr fein mahlen
(falls nicht möglich, 2 Eßlöffel mehr Weizen nehmen und die Kleie aussieben). Das Mehl in eine
Teigschüssel oder auf die Arbeitsfläche geben.
Die Butter in kleinen Stückchen auf das Mehl
setzen, alles schnell mit den Fingern oder mit
den Knethaken des Handrührgerätes gleichmä-

◁ Durch die Verwendung von Schichtkäse wird der
Quarkkuchen ganz besonders locker und saftig. Zur
Abwechslung können auch Kirschen oder Aprikosen
mitgebacken werden. Rezept auf dieser Seite.

ßig verkrümeln und in der Mitte eine Mulde eindrücken. Das Granulat oder den Honig, das
Salz, die Flüssigkeit sowie das Zimtpulver oder
die Zitronenschale in die Mulde geben, leicht
einrühren und dann alle Zutaten zügig zu einem
glatten Teig verkneten. Den Teig zu einer flachen
Kugel formen und 15–30 Minuten abgedeckt
kühl stellen. • Den Backofen auf 200° vorheizen.
Den Boden einer Springform leicht fetten. Den
Teig in die Mitte der Form legen und mit den
Fingern zu einem gleichmäßigen Boden ausdrücken. Dabei mit den Fingerspitzen einen
2–3 cm hohen Rand hochziehen. • Den Teigboden mehrmals mit einer Gabel einstechen und
auf der mittleren Schiene im vorgeheizten Backofen in etwa 15 Minuten hellbraun vorbacken. •
Inzwischen für den Belag die Rosinen mit heißem Wasser überbrühen, 1–2 Minuten darin ziehen lassen und dann abgießen. Den Schichtkäse
und den Quark, die Sahne, die Eier und das Zuk-
kerrohrgranulat oder den Honig in eine mittelgroße Rührschüssel geben. Die Zitrone heiß abwaschen, abtrocknen und die Schale in die
Schüssel reiben. Die Zitrone dann auspressen
und 1–2 Teelöffel vom Saft ebenfalls dazugeben.
Den Weizen mehlfein mahlen. Etwa 1 Teelöffel
des Mehls über die Rosinen stäuben, den Rest
mit dem Backpulver vermischt über die Zutaten
in der Schüssel stäuben. Alle Zutaten mit den
Rührbesen des Rührgerätes gründlich verrühren.
Die bemehlten Rosinen unterheben. Die Masse
auf den vorgebackenen Teigboden gleiten lassen
und glattstreichen. • Den Backofen auf 175° her-
unterschalten und die Form auf die mittlere
Schiene schieben. Den Kuchen in 50–55 Minuten goldbraun backen. • Nach dem Abschalten
den Kuchen noch 2–3 Minuten im Backofen
stehenlassen, dann herausnehmen und weitere
2–3 Minuten abkühlen lassen. Den Rand des
Kuchens mit einem scharfen Messer lösen und
den Springformrand entfernen. Den Kuchen mit
einer Palette von der Form lösen, auf ein Gitter
gleiten und auskühlen lassen.

Variante:
Käsekuchen mit Kirschen oder Aprikosen
200–300 g entkernte und gegebenenfalls enthäutete Früchte werden auf den vorgebackenen Boden gelegt und mit der Quarkmasse bedeckt. Man kann den Quarkkuchen auch ohne Boden backen. Wichtig ist dann nur, daß die Form sehr gut gefettet oder mit Backtrennpapier ausgelegt wird.

Mein Tip Mit dem körnigen aber leider etwas teuren Schichtkäse wird dieser Kuchen besonders locker und saftig. Sie können den Kuchen aber auch mit dem billigeren relativ weichen Quark zubereiten. Dann empfiehlt es sich jedoch, die Eier zu trennen und die Eiweiße und die Sahne getrennt steif zu schlagen und unterzuheben.

Apfelkuchen mit Walnußguß

Zutaten für eine Springform von 24–26 cm Ø :
125 g weiche Butter · 80 g Zuckerrohrgranulat oder 100 g Honig · 2 Eier · 200 g Weizen (oder 100 g Weizen und 100 g Buchweizen) · 2 Teel. Weinstein-Backpulver
Für den Belag: 500 g säuerliche Äpfel · 1 unbehandelte Zitrone · 75–100 g geschälte Walnüsse · 30 g Butter · 1–2 Eßl. Zuckerrohrgranulat oder Ahornsirup · 1–2 Eßl. Sahne · 1 Eßl. Rum · ½ Teel. Zimt- oder Delifrutpulver
Für die Form: Butter oder Öl
Bei 12 Stücken etwa 1200 kJ/290 kcal
5 g Eiweiß · 18 g Fett · 26 g Kohlenhydrate ·
2 g Ballaststoffe pro Stück

- Vorbereitungszeit: etwa 40 Minuten
- Backzeit: 30–35 Minuten

So wird's gemacht: Die Form gründlich fetten. • Für den Belag die Äpfel schälen, vierteln, vom Kerngehäuse befreien und in etwa 1–2 cm breite Stücke schneiden. Die Zitrone heiß abwaschen und abtrocknen. Etwa die Hälfte der Schale auf einen kleinen Teller reiben und für den Teig beiseite stellen. Die Zitrone dann auspressen und den Saft auf die Äpfel träufeln. Die Walnüsse grob brechen. • Die Butter in einer mittelgroßen Pfanne zerlassen und die Nußstücke darin anrösten. Das Granulat oder den Sirup, die Sahne, den Rum sowie das Zimt- oder Delifrutpulver unterrühren und alles einmal aufkochen lassen. Die Apfelstücke dazugeben und zugedeckt bei schwacher Hitze etwa 3 Minuten dünsten lassen. Den Deckel abnehmen und die Pfanne zum Abkühlen beiseite stellen. • Den Backofen auf 180° vorheizen. • Für den Teig die Butter, das Granulat oder den Honig und die Eier in eine Rührschüssel geben. Die abgeriebene Zitronenschale hinzufügen. Den Weizen und gegebenenfalls den Buchweizen mehlfein mahlen, mit dem Backpulver vermischen und ebenfalls dazugeben. • Alle Zutaten mit den Rührbesen des Rührgerätes zu einem festen, streichfähigen Rührteig verarbeiten. Den Teig in die vorbereitete Form geben, mit einem Gummischaber glattstreichen und den Guß mit den Apfelstücken darauf verteilen. • Die Form auf die mittlere Schiene in den vorgeheizten Backofen schieben und den Kuchen in 30–35 Minuten mittelbraun backen. • Den fertigen Kuchen noch etwa 2–3 Minuten in der Form lassen. Dann den Springformrand entfernen, den Kuchen mit einer Palette von der Form lösen, auf ein Kuchengitter gleiten und auskühlen lassen.

Hefe-Rahmkuchen aus der Rhön

Dieser Kuchen erinnert mich an meine Großmutter. Wenn wir sie auf dem Bauernhof in der Rhön besuchten, gab es meistens diesen schlichten, wenig gesüßten aber köstlichen Quarkkuchen, auf riesigen Blechen gebacken, damit er für die große Familie ausreichte. Das folgende Rezept ist in haushaltsüblichen Mengen angegeben.

Zutaten für ein Backblech:
250 ccm lauwarme Milch · 40 g frische Hefe
(1 Würfel) · 60 g Zuckerrohrgranulat oder 80 g
Honig · 1 Prise Salz · 1 Ei · 500 g Weizen ·
½ unbehandelte Zitrone · 65 g weiche Butter
Für den Belag: 1 kg Schichtkäse (ersatzweise
Magerquark) · 4–5 Eier · 1 Prise Salz · 2–3 Eßl.
Zuckerrohrgranulat oder Honig · 100 ccm Sahne
oder Milch
Für das Blech: Butter oder Öl
Zum Bestreichen: 1 Eigelb · 2–3 Eßl. Milch ·
1 Teel. Zimtpulver
Bei 16 Stücken etwa 1100 kJ/260 kcal
16 g Eiweiß · 9 g Fett · 29 g Kohlenhydrate ·
3 g Ballaststoffe pro Stück

- Vorbereitungszeit einschließlich Ruhezeit: etwa 70 Minuten
- Backzeit: 25–30 Minuten

So wird's gemacht: Die Milch, die Hefe, das Granulat oder den Honig, das Salz und das Ei in einer Schüssel verrühren. Den Weizen mehlfein mahlen, dazugeben und mit den Knethaken des Rührgerätes oder dem Rührlöffel kurz verrühren. Die Zitrone heiß abwaschen, abtrocknen und die Schale in die Rührschüssel reiben. Die Zitrone dann auspressen. Die weiche Butter in Flöckchen auf die Masse setzen und alle Zutaten mit dem Rührgerät in etwa 3–4 Minuten, oder von Hand in 7–8 Minuten, gründlich zu einem geschmeidigen Teig verkneten, bis er glänzt und sich von der Schüssel löst. Sollte der Teig am Schüsselrand kleben, noch 1–2 Eßlöffel Mehl unterkneten. Sollte er zu fest sein, noch 1–2 Eßlöffel Milch einarbeiten. Den Teig zu einer Kugel formen, leicht mit Mehl bestäuben und zugedeckt etwa 25–30 Minuten, möglichst in warmer Umgebung, gehen lassen, bis sich sein Volumen etwa verdoppelt hat. • Inzwischen das Backblech gründlich fetten und auf ein Tuch legen. Den Schichtkäse oder den Quark in einer Schüssel mit den Eiern, dem Salz, dem Granulat oder dem Honig, der Sahne und 1–2 Teelöffeln Zitronensaft zu einer streichfähigen, cremigen Masse verrühren. • Den gegangenen Teig kurz durchkneten, in die Mitte des Bleches legen und mit dem Nudelholz oder den Händen gleichmäßig auf dem Blech verteilen. Die Quarkmasse mit einem Löffel oder Teigschaber gleichmäßig auf die Teigplatte streichen. Das Eigelb mit der Milch und dem Zimt verrühren und mit einem Pinsel auf die Quarkmasse streichen. Das Blech auf die mittlere Schiene in den kalten Backofen schieben und nochmals 10–15 Minuten gehen lassen. • Den Backofen auf 200° einstellen und den Kuchen 25–30 Minuten backen, bis die Oberseite goldbraun und die Unterseite knusprig ist. • Den Kuchen auf dem Blech in 4 rechteckige Stücke schneiden, diese mit der Palette vom Blech lösen, auf ein Kuchengitter setzen und auskühlen lassen.

Mein Tip Zusätzlich können Sie noch 400–500 g gewaschene und abgetropfte Heidelbeeren gleichmäßig auf der Quarkmasse verteilen.

Biskuit-Obstkuchen

*Zutaten für eine Spring- oder Obstkuchenform von
24–26 cm Ø :*
*100 g Weizen oder Dinkel · ¼ Teel. Weinstein-
Backpulver · 2–3 Eiweiße · 1 Prise Salz · 2 Eßl.
heißes Wasser · 80 g Zuckerrohrgranulat oder
100 g Honig · 2 Eigelbe*
*Für den Belag: etwa 400–500 g Früchte, je nach
Jahreszeit*
*Für den Guß: ¼ l Obstsaft oder Wasser mit etwas
Zitronensaft · 1 Teel. Agar-Agar oder 8 Meßlöffel
Biobin · 1–2 Teel. Ahornsirup oder Honig*
Für die Form: Backtrennpapier oder Butter
Bei 12 Stücken etwa 450 kJ/110 kcal
3 g Eiweiß · 2 g Fett · 20 g Kohlenhydrate ·
2 g Ballaststoffe pro Stück

● Zubereitungszeit einschließlich Backzeit:
  etwa 60 Minuten

<u>So wird's gemacht:</u> Den Boden der Springform
mit Backtrennpapier auslegen oder die Obstkuchenform sehr gründlich fetten. Den Weizen
oder den Dinkel sehr fein mahlen und mit dem
Backpulver vermischen. • Den Backofen auf
190° vorheizen. • Die Eiweiße in eine Schüssel
geben und mit dem Salz und dem Wasser mit
dem Rührgerät in etwa 1 Minute zu steifem
Schnee schlagen. Das Granulat oder den Honig
und die Eigelbe nach und nach unterrühren und
noch etwa 1 Minute weiterschlagen, bis eine feste
cremige Masse entstanden ist, in der Rührspuren
sichtbar bleiben. Das mit dem Backpulver vermischte Mehl auf die Schaummasse geben und
mit dem Schneebesen vorsichtig unterheben. •
Den Teig in die vorbereitete Form füllen, glattstreichen und auf der mittleren Schiene im vorgeheizten Backofen in 10–15 Minuten goldbraun
backen. • Den Kuchen noch 2–3 Minuten im
ausgeschalteten Backofen stehenlassen, dann
herausnehmen und in der Form etwa 5 Minuten

abkühlen lassen. • Den Rand des Kuchens mit
einem scharfen Messer lösen, den Springformrand entfernen. Das Kuchengitter auf die Oberseite des Kuchens legen, Kuchen und Gitter festhalten und umdrehen. Den Boden der Form
abnehmen, das Papier abziehen und den Kuchen
auskühlen lassen. • Für den Belag die Früchte
waschen und schälen oder entsteinen, wenn
nötig, in Stücke oder Scheiben schneiden und

Die Eiweiße werden mit Salz und Wasser so steif
geschlagen, daß in dem Schnee ein Schnitt mit dem
Messer sichtbar bleibt.

dekorativ auf dem Kuchenboden verteilen. • Für
den Guß die Flüssigkeit mit dem Agar-Agar oder
dem Biobin verrühren, wenn nötig etwas süßen
und bei Verwendung von Agar-Agar erhitzen, bis
das Agar-Agar gelöst ist. Den Topf vom Herd
nehmen und den Guß etwas abkühlen lassen.
Einen Tortenring beziehungsweise den Springformring auf den Rand des Kuchens setzen, den
Guß auf den Früchten gleichmäßig verteilen und
fest werden lassen.

Mein Tip Der Weizen beziehungsweise
der Dinkel kann zur Hälfte durch Buchweizen ersetzt werden. Das Backpulver
kann man weglassen, wenn man 1 Ei mehr
verwendet!

Biskuitrolle mit Sahne und Früchten

Bild Seite 47

Zutaten für etwa 12 Stücke:
150 g Weizen (oder 100 g Weizen und 50 g
Buchweizen) · 4 Eiweiße · 1 Prise Salz · 4 Eßl.
heißes Wasser · 125 g Zuckerrohrgranulat oder
150 g Honig · 4 Eigelbe · 1 Eßl. Rum · ½ unbe-
handelte Zitrone
Für die Füllung: 500–600 g saftige, weiche Früchte
je nach Jahreszeit, wie zum Beispiel Erdbeeren,
Himbeeren, Heidelbeeren, Orangen, Mandarinen
oder Ananas · 400 g Sahne · 2 Meßlöffel Biobin ·
1–2 Eßl. Ahornsirup oder Honig
Für das Blech: Backtrennpapier
Etwa 1000 kJ/240 kcal
5 g Eiweiß · 13 g Fett · 25 g Kohlenhydrate ·
3 g Ballaststoffe pro Stück

● Zubereitungszeit einschließlich Backzeit:
etwa 40 Minuten

So wird's gemacht: Das Blech mit Backtrennpapier auslegen. ● Den Weizen beziehungsweise
den Buchweizen sehr fein mahlen. ● Den Backofen auf 200° vorheizen. ● Die Eiweiße mit dem
Salz und dem Wasser mit dem Rührgerät in
1–2 Minuten zu steifem Schnee schlagen. Das
Granulat oder den Honig und die Eigelbe nach
und nach unterrühren und noch etwa 1–2 Minuten weiterschlagen, bis eine feste cremige Masse
entstanden ist, in der Rührspuren sichtbar bleiben. Den Rum einrühren und das Mehl auf die
Schaummasse geben. Die Zitronenhälfte heiß
abwaschen, abtrocknen und die Schale auf das
Mehl reiben. Alle Zutaten mit dem Schneebesen
vorsichtig vermischen, die Biskuitmasse gleichmäßig auf das Blech streichen und auf der mittleren Schiene im vorgeheizten Backofen in etwa
10 Minuten goldbraun backen. (Die Teigplatte

soll an der Oberfläche trocken sein, die Ränder
noch weich.) ● Inzwischen auf der Arbeitsfläche
ein ausreichend großes Stück Backtrennpapier
auslegen. ● Die gebackene Teigplatte an den
Rändern vom Blech lösen, auf das ausgelegte Papier stürzen und mit dem Blech bedeckt auskühlen lassen. ● Inzwischen die Früchte waschen
und zerkleinern. Eventuell 12 schöne Früchte für
die Garnierung zurückbehalten. Die Sahne steif
schlagen und das Biobin unterrühren. 3–4 Eßlöffel Sahne in eine Tortenspritze füllen und in den
Kühlschrank legen. ● Je nach Obstsorte etwas
Ahornsirup oder Honig unter die restliche Sahne
rühren. ● Das Blech vom Biskuit abnehmen und
das Papier abziehen. Die Sahne gleichmäßig auf
der abgekühlten Biskuitplatte verstreichen, die
Fruchtstücke darauf verteilen und mit einem
Löffel leicht andrücken. Das untenliegende Papier mit beiden Händen an der Schmalseite an-
heben, die Biskuitplatte aufrollen und mit der
»Nahtstelle« nach unten auf eine Platte gleiten
lassen. ● Auf der Oberfläche mit einem scharfen
Messer 12 Stücke leicht markieren und jedes mit
einer Sahnerosette verzieren, in die eine Frucht
beziehungsweise ein Fruchtstückchen gesetzt
wird.

Himbeerkuchen mit Vanillecreme

Bild Umschlag-Vorderseite

Zutaten für eine Springform von 24–26 cm Ø :
150 g Weizen · 50 g Haselnüsse · 80 g kalte
Butter · 50 g Zuckerrohrgranulat oder 70 g
Honig · 1 Prise Salz · 1 Eigelb oder 1–2 Eßl. Wein
oder Zitronensaft
Für den Belag: etwa 500 g Himbeeren · 500 ccm
Milch · 80 g weißer oder sehr heller Honig,
Zuckerrohrgranulat oder Ahornsirup · 1–2 Eßl.
Himbeergeist oder Rum · 2 Eigelbe · ½ Teel. ge-

mahlene Vanille · 50 g Stärkemehl (Kartoffel-stärke oder Wildpfeilwurzelmehl). 3 Teel. Agar-Agar · 2 Eiweiße
Für den Guß: ¼ l Obstsaft oder Wasser mit etwas Zitronensaft · 1 Teel. Agar-Agar oder 8 Meßlöffel Biobin · eventuell 1–2 Teel. Ahornsirup oder Honig
Für die Form: Butter oder Öl
Bei 12 Stücken etwa 1100 kJ/260 kcal
6 g Eiweiß · 12 g Fett · 31 g Kohlenhydrate · 6 g Ballaststoffe pro Stück

● Zubereitungszeit einschließlich Kühl- und Backzeit: etwa 2 Stunden

So wird's gemacht: Den Weizen sehr fein mahlen (falls nicht möglich, 2 Eßlöffel mehr Weizen neh-men und die Kleie aussieben). Das Mehl in eine Teigschüssel oder auf die Arbeitsfläche geben und falls es beim Mahlen warm wurde, etwas ab-kühlen lassen. Die Nüsse feinreiben und mit dem Mehl vermischen. Die Butter in kleinen Stückchen auf die Mehl-Nuß-Mischung setzen, alles schnell mit den Fingern oder mit den Knet-haken des Handrührgerätes gleichmäßig verkrü-meln und in der Mitte eine Mulde eindrücken. Das Granulat oder den Honig, das Salz und das Eigelb oder die Flüssigkeit in die Mulde geben, leicht einrühren und dann alle Zutaten zügig zu einem glatten Teig verkneten. Den Teig zu einer flachen Kugel formen und 15–30 Minuten abge-deckt kühl stellen. ● Für den Belag die Himbee-ren in einem Sieb mit Wasser überbrausen und abtropfen lassen. ● Für die Vanillecreme die Milch in einem Topf mit dem Honig, dem Him-beergeist oder dem Rum, den Eigelben und der Vanille verrühren. Das Stärkemehl und das Agar-Agar ebenfalls in die Milch einrühren und alles unter ständigem Rühren zum Kochen brin-gen und einmal aufkochen lassen. ● Die Creme unter gelegentlichem Umrühren etwas abkühlen lassen. Die Eiweiße steif schlagen und mit dem Schneebesen unterziehen. Die Creme zum Ab-

kühlen in den Kühlschrank stellen. ● Den Back-ofen auf 180° vorheizen. Den Boden einer Springform leicht fetten. Den Teig in die Mitte der Form legen, mit den Fingern zu einem gleichmäßigen Boden ausdrücken und dabei mit den Fingerspitzen einen 2–3 cm hohen Rand for-men. ● Den Teigboden mehrmals mit einer Ga-bel einstechen und auf der mittleren Schiene im vorgeheizten Backofen in 15–20 Minuten mittel-braun backen. ● Den gebackenen Boden 3–4 Mi-nuten in der Form auskühlen lassen, dann den Springformrand entfernen und den Kuchen mit einer Palette zum Auskühlen auf ein Kuchengit-ter heben. ● Die Vanillecreme auf den ausge-kühlten Kuchenboden streichen und die Him-beeren daraufsetzen. Für den Guß die Flüssig-keit mit dem Agar-Agar oder dem Biobin verrühren, wenn nötig etwas süßen und bei Ver-wendung von Agar-Agar erhitzen, bis das Agar-Agar gelöst ist. Den Topf vom Herd nehmen und den Guß etwas abkühlen lassen. Einen Torten-ring beziehungsweise den Springformring auf den Rand des Kuchens setzen, den Guß gleich-mäßig auf den Früchten verteilen und fest wer-den lassen.

Käse-Obstkuchen

Zutaten für eine Springform von 24–26 cm Ø :
150 g Weizen · 50 g Haselnüsse · 80 g kalte Butter · 50 g Zuckerrohrgranulat oder 70 g Honig · 1 Prise Salz · 1 Eigelb oder 1–2 Eßl. Wein oder Zitronensaft · ½ Teel. Zimtpulver oder abge-riebene Zitronenschale
Für den Belag: 2 Eiweiße · 1 Eßl. Zitronensaft · 80 g Zuckerrohrgranulat oder 100 g Honig · 2 Eigelbe · 1 Teel. abgeriebene Zitronenschale · 3 Teel. Agar-Agar · ½ Tasse Wasser · 200 g Schichtkäse oder Magerquark · 200 g Sahne · 250–300 g saftige Früchte, wie zum Beispiel Trauben, Erdbeeren, Johannisbeeren, Heidel-

beeren, *Himbeeren oder Brombeeren*
Für die Form: Butter oder Öl
Bei 12 Stücken etwa 1100 kJ/260 kcal
6 g Eiweiß · 16 g Fett · 23 g Kohlenhydrate ·
2 g Ballaststoffe pro Stück

● Zubereitungszeit einschließlich Kühl- und
Backzeit: etwa 2 Stunden

So wird's gemacht: Den Weizen sehr fein mahlen
(falls nicht möglich, 2 Eßlöffel mehr Weizen nehmen und die Kleie aussieben). Das Mehl in eine
Schüssel oder auf die Arbeitsfläche geben. Die
Nüsse feinreiben und mit dem Mehl vermischen.
Die Butter in kleinen Stückchen auf die Mehl-
Nuß-Mischung setzen, alles schnell mit den Fingern oder mit den Knethaken des Handrührgerätes gleichmäßig verkrümeln und in der Mitte
eine Mulde eindrücken. Das Granulat oder den
Honig, das Salz und das Eigelb oder die Flüssigkeit sowie das Zimtpulver oder die Zitronenschale in die Mulde geben, leicht einrühren und
dann alle Zutaten zügig zu einem glatten Teig
verkneten. Den Teig zu einer flachen Kugel formen und 15–30 Minuten abgedeckt kühl stellen. ● Inzwischen für den Belag die Eiweiße mit
dem Zitronensaft steif schlagen. Das Granulat
oder den Honig und die Eigelbe sowie die Zitronenschale nach und nach unterrühren und noch
etwa 1 Minute weiterschlagen, bis eine feste, cremige Masse entstanden ist, in der Rührspuren
sichtbar bleiben. Das Agar-Agar mit dem Wasser
in einen kleinen Topf geben, unter Rühren erhitzen, bis es sich gelöst hat und in kleinen Tropfen
in die Crememasse einrühren. Den Schichtkäse
oder Quark dazugeben und ebenfalls einrühren.
Die Sahne steif schlagen und mit dem Schneebesen vorsichtig unterheben. Die Masse zugedeckt
beiseite stellen, und ab und zu umrühren, damit
sie cremig bleibt. ● Den Backofen auf 180° vorheizen. Den Boden einer Springform leicht fetten. Den Teig in die Mitte der Form legen, mit
den Fingern zu einem gleichmäßigen Boden aus-

drücken und dabei mit den Fingerspitzen einen
3–4 cm hohen Rand formen. Den Teigboden
mehrmals mit einer Gabel einstechen und auf
der mittleren Schiene im vorgeheizten Backofen
in 15–20 Minuten mittelbraun backen. Den fertigen Boden etwa 3–4 Minuten in der Form auskühlen lassen, dann den Springformring abnehmen, den Boden mit einer Palette von der Form
lösen, auf ein Kuchengitter gleiten und auskühlen lassen. ● Inzwischen das Obst waschen, put-
zen, gegebenenfalls in Schnitze schneiden und
gut abtropfen lassen. ● Die Quarkcreme auf den
abgekühlten Tortenboden streichen. Die Früchte
unregelmäßig oder in einem Muster darauf verteilen und leicht in die Creme eindrücken. Den
Kuchen bis zum Servieren kühl stellen.

Mein Tip Mischen Sie zur Abwechslung 50–100 g geriebene Mandeln oder
Haselnüsse unter die Quarkmasse.

Bienenstich

Zutaten für eine Springform von 24–26 cm Ø :
250 ccm lauwarme Milch · 40 g frische Hefe ·
(1 Würfel) · 60 g Zuckerrohrgranulat oder 80 g
Honig · 1 Prise Salz · 1 Ei · 500 g Weizen ·
1 unbehandelte Zitrone · 65 g weiche Butter
Für den Belag: 200 g Mandeln · 100 g Butter ·
40 g Zuckerrohrgranulat oder 60 g Honig ·
10 Eßl. Milch oder Sahne · 1 Teel. Zimtpulver ·
eventuell 1 Eßl. Amaretto
Für die Füllung: ½ l Milch · ½ Teel. gemahlene
Vanille · 80 g weißer Honig oder Zuckerrohrgra-
nulat · 2 Eigelbe · 50 g Stärkemehl (Kartoffel-
stärke oder Wildpfeilwurzelmehl) · 3 Teel.
Agar-Agar · 2 Eiweiße · eventuell 100 g Sahne
Für die Form: Butter oder Öl

Bei 12 Stücken etwa 510 kJ/2160 kcal
11 g Eiweiß · 28 g Fett · 52 g Kohlenhydrate ·
4 g Ballaststoffe pro Stück

● Zubereitungszeit einschließlich Ruhe- und
Backzeit: etwa 2 Stunden

So wird's gemacht: Die Milch, die Hefe, das
Granulat oder den Honig, das Salz und das Ei in
einer Schüssel verrühren. Den Weizen mehlfein
mahlen, dazugeben und alles mit den Knethaken
des Rührgerätes oder dem Rührlöffel kurz verrühren. Die Zitrone heiß waschen, abtrocknen
und die Hälfte der Schale in die Rührschüssel
reiben. Die weiche Butter in Flöckchen auf die
Masse setzen. Alle Zutaten mit dem Rührgerät in
etwa 3–4 Minuten oder von Hand in 7–8 Minuten gründlich zu einem geschmeidigen Teig verkneten, bis er glänzt und sich von der Schüssel
löst. Sollte der Teig am Schüsselrand kleben,
noch 1–2 Eßlöffel Mehl unterkneten. Sollte er zu
fest sein, noch 1–2 Eßlöffel Milch einarbeiten. ●
Den Teig zu einer Kugel formen, leicht mit Mehl
bestäuben und zugedeckt etwa 25–30 Minuten,
möglichst in warmer Umgebung, gehen lassen,
bis sich sein Volumen verdoppelt hat. ● Inzwischen für den Belag die Mandeln grobhacken
oder stifteln. Die Butter schmelzen, die Mandeln
hinzufügen und kurz darin rösten. Das Granulat
oder den Honig dazugeben, die Milch oder Sahne angießen und alles zu einer streichfähigen
Masse einkochen lassen. Die andere Hälfte der
Zitronenschale in die Mandelmasse reiben und
unterrühren. Den Zimt und eventuell den Amaretto untermischen und die Masse etwas abkühlen lassen. Die Form gründlich fetten und auf ein
Tuch legen. ● Den gegangenen Teig kurz durchkneten, in die Mitte der Form legen und mit den
Händen gleichmäßig auf dem Blech verteilen.
Die abgekühlte Mandelmasse gleichmäßig auf
den Teig streichen und die Form auf die mittlere
Schiene in den kalten Backofen schieben. Den
Teig nochmals 10–15 Minuten gehen lassen. ●

Den Backofen auf 200° einstellen und den Kuchen in 25–30 Minuten knusprig braun backen. ●
Den Kuchen mit der Palette von der Form lösen,
auf ein Kuchengitter gleiten und abkühlen lassen. ● Für die Füllung die Milch in einem Topf
mit der Vanille, dem Honig oder dem Granulat
und den Eigelben verrühren. Das Stärkemehl
und das Agar-Agar in die Milch einrühren. Alles
unter ständigem Rühren zum Kochen bringen
und einmal aufkochen lassen. Die Masse unter
gelegentlichem Umrühren auskühlen lassen. Die
Eiweiße und nach Belieben die Sahne steif schlagen und mit dem Schneebesen unter die abgekühlte Creme ziehen. ● Den Kuchen mit der Vanillecreme füllen. Dafür den Kuchen quer
durchschneiden und den unteren Boden mit der
Füllung bestreichen. Das Oberteil in Portions-
stücke teilen und aufsetzen. Die Füllung in etwa
20–30 Minuten fest werden lassen.

Die Biskuitrolle mit Sahne und Früchten ist ganz ein- ▷
fach zuzubereiten. Die Bilder zeigen von links nach
rechts, wie die Eier aufgeschlagen, das Mehl unterge-
hoben und die Biskuitmasse auf das Blech gestrichen
wird. Der ausgekühlte Teig wird gefüllt und aufgerollt,
zum Schluß mit Sahne und Früchten garniert. Rezept
Seite 43.

Kleine Biskuittörtchen mit Früchten

Zutaten für 12–14 Papierförmchen:
100 g Weizen · 1 Messerspitze Weinstein-Back-
pulver · 2 Eiweiße · 1 Prise Salz · 2 Eßl. heißes
Wasser · 60 g Zuckerrohrgranulat oder 80 g
Honig · 2 Eigelbe
Für den Belag: etwa 200 g weiche Früchte nach
Jahreszeit wie Pfirsiche, Aprikosen, Bananen, Jo-
hannisbeeren oder Stachelbeeren
Zum Verzieren: Wildpfeilwurzelmehl
Bei 12 Törtchen etwa 310 kJ/74 kcal
2 g Eiweiß · 1 g Fett · 13 g Kohlenhydrate ·
1 g Ballaststoffe pro Portion

● Vorbereitungszeit: etwa 25 Minuten
● Backzeit: 10–15 Minuten

So wird's gemacht: Die Förmchen auf ein Blech
stellen. Den Weizen sehr fein mahlen und mit
dem Backpulver vermischen. • Für den Belag die
Früchte waschen, gegebenenfalls enthäuten und
entsteinen und in etwa 1 cm kleine Stückchen
schneiden. Den Backofen auf 190° vorheizen. •
Die Eiweiße in einer Schüssel mit dem Salz und
dem Wasser mit dem Rührgerät in etwa 1 Minute
zu steifem Schnee schlagen. Das Granulat oder

den Honig und die Eigelbe nach und nach unterrühren und noch etwa 1 Minute weiterschlagen,
bis eine feste cremige Masse entstanden ist, in
der Rührspuren sichtbar bleiben. Das mit dem
Backpulver vermischte Mehl auf die Schaummasse geben und mit dem Schneebesen vorsichtig unterheben. • Jeweils einen Löffel der Biskuitmasse in die Förmchen füllen (sie sollen nur
etwa zur Hälfte mit Teig gefüllt sein), einen Eßlöffel zerkleinerte Früchte auf die Teigmasse geben und das Blech auf die mittlere Schiene in
den vorgeheizten Backofen schieben. • Die Törtchen in 10–15 Minuten goldbraun backen. Dann
1–2 Minuten im abgeschalteten Backofen stehenlassen. Nach dem Herausnehmen auf ein
Kuchengitter stellen und erkalten lassen. • Dann
mit etwas Wildpfeilwurzelmehl bestäuben.

Variante: Löffelbiskuits
Man belegt ein Blech mit Backtrennpapier, füllt
die Biskuitmasse in einen Spritzbeutel mit großer
Lochtülle und spritzt etwa 10 cm lange Streifen
auf das Blech. Man backt sie auf der mittleren
Schiene bei 180° in 15–20 Minuten goldbraun
und leicht knusprig.

Schneckennudeln

Zutaten für etwa 18 Stück:
225 ccm lauwarme Milch · 40 g frische Hefe
(1 Würfel) · 60 g Zuckerrohrgranulat oder 80 g
Honig · 1 Prise Salz · 1 Ei · 500 g Weizen ·
½ unbehandelte Zitrone · 60 g weiche Butter
Für die Füllung: 40–50 g Rosinen · 4–5 Eßl.
Zuckerrohrgranulat · 1–2 Teel. Zimtpulver ·
1–2 Eßl. flüssige abgekühlte Butter
Für das Blech: Butter oder Öl
Zum Bestreichen: 1 Eigelb
Bei 18 Stücken etwa 740 kJ/180 kcal
5 g Eiweiß · 6 g Fett · 25 g Kohlenhydrate ·
3 g Ballaststoffe pro Stück

◁ Die mit Früchten der Saison, verschiedenen Cremes
oder Sahne gefüllten Mürbeteigtorteletts bereichern
jede Kaffeetafel. Rezept Seite 52.

- Vorbereitungszeit einschließlich Ruhezeit: etwa 60 Minuten
- Backzeit: 25–30 Minuten

So wird's gemacht: Die Milch, die Hefe, das Granulat oder den Honig, das Salz und das Ei in einer Schüssel verrühren. Den Weizen mehlfein mahlen, dazugeben und alles mit den Knethaken des Rührgerätes oder dem Rührlöffel kurz verrühren. Die Zitrone heiß abwaschen, abtrocknen und die Schale in die Rührschüssel reiben. Die weiche Butter in Flöckchen auf die Masse setzen. • Alle Zutaten mit dem Rührgerät in 3–4 Minuten oder von Hand in 7–8 Minuten gründlich zu einem geschmeidigen, nicht zu weichen Teig verkneten, bis er glänzt und sich von der Schüssel löst. Sollte der Teig am Schüsselrand kleben, noch 1–2 Eßlöffel Mehl unterkneten. Sollte er zu fest sein, noch 1–2 Eßlöffel Milch einarbeiten. • Den Teig zu einer Kugel formen, leicht mit Mehl bestäuben und zugedeckt etwa 25–30 Minuten, möglichst in warmer

Von der gefüllten Teigrolle 2–3 cm dicke Scheiben abschneiden und im Abstand von etwa 5 cm mit der Schnittfläche nach unten auf das Blech setzen.

Umgebung, gehen lassen, bis sich sein Volumen etwa verdoppelt hat. • Inzwischen das Backblech fetten. Für die Füllung die Rosinen mit kochendem Wasser überbrühen und etwa 1–2 Minuten darin ziehen lassen. Danach abgießen und

etwas trocknen lassen. Das Granulat und das Zimtpulver unter die Rosinen mischen. • Den gegangenen Teig kurz durchkneten und auf der bemehlten Arbeitsplatte zu einem etwa ½ cm dicken Rechteck auswellen. Mit der zerlassenen Butter bestreichen und die Füllung gleichmäßig darauf verteilen. Die Teigplatte von der Längsseite her aufrollen. Mit einem scharfen Messer etwa 2–3 cm breite Stücke abschneiden und diese im Abstand von etwa 5 cm auf das Blech setzen. Auf die mittlere Schiene in den kalten Backofen schieben und nochmals 5–10 Minuten gehen lassen. • Den Backofen auf 200° einstellen und die Schneckennudeln in 25–30 Minuten mittelbraun backen. • Das fertige Gebäck mit einer Palette auf ein Kuchengitter setzen und auskühlen lassen.

Variante: Rosettenkuchen
Man setzt die aufgerollten Teigstücke im Abstand von 1–2 cm rosettenartig in eine gefettete Springform. Die aufgehenden Schneckennudeln haften nach dem Backen aneinander. Als Füllung paßt eine Nuß-Füllung (siehe Füllung beim schwäbischen Hefezopf, Rezept Seite 31).

Windbeutel

Wer kennt sie nicht, diese luftigen, zartknusprigen Gebilde, gefüllt mit saftigen Cremes? Doch weniger scheint bekannt, wie einfach und schnell sich dieses Gebäck herstellen läßt, das sich so vielseitig mit süßen aber auch salzigen Cremes füllen läßt. Genau das Richtige also, wenn sich überraschend Besuch angesagt hat oder auf dem kalten Buffet noch eine kleine Lücke ist!

Zutaten für 12 Stück:
150 g Weizen · ¼ l Wasser · 1 Prise Salz · 65 g Butter · 3 Eier (Gewichtsklasse 4)
Für das Blech: Butter oder Öl

Ungefüllt etwa 440 kJ/100 kcal
3 g Eiweiß · 7 g Fett · 8 g Kohlenhydrate ·
1 g Ballaststoffe pro Stück

* Vorbereitungszeit: etwa 25 Minuten
* Backzeit: 25–30 Minuten

So wird's gemacht: Den Weizen mehlfein mahlen. • Das Wasser mit dem Salz und der Butter in einem etwa 2 Liter fassenden Topf (möglichst Edelstahl) mit kleinem Durchmesser zum Kochen bringen. Den Herd auf mittlere Hitze zurückschalten, das Mehl auf einmal in die kochende Flüssigkeit schütten und mit einem Rührlöffel so lange rühren, bis sich der Teig als glatter Kloß vom Topfboden löst. Den Teigkloß noch etwa 2 Minuten unter weiterem Rühren abbrennen, bis sich auf dem Topfboden eine weiße Haut gebildet hat. Den Topf von der Platte nehmen und den Teig 5–10 Minuten abkühlen lassen. • Den Backofen auf 200° vorheizen und das Blech fetten. • Die Eier mit dem Rührlöffel oder den Knethaken des Rührgerätes einzeln zu der abgekühlten Masse geben und jeweils zuerst gründlich unterrühren, bevor das nächste Ei zugegeben wird. Bei der Verwendung von größeren Eiern sollte vom dritten Ei nur so viel zugegeben werden, daß der Teig glänzt und in festen Spitzen vom Rührlöffel oder Knethaken absteht. Der Teig darf nicht zu weich sein, sonst fließt er beim Backen auseinander. • Den Teig mit zwei Eßlöffeln abstechen und als kleine Häufchen von ungefähr 5 cm Durchmesser mit etwa 5 cm Abstand auf das Blech setzen. Oder mit einem Spritzbeutel oder einer Tortenspritze Rosetten auf das Blech spritzen. • Das Blech auf die mittlere Schiene in den vorgeheizten Backofen schieben und die Windbeutel 30–35 Minuten backen, bis sich die Spitzen leicht bräunen. Während der ersten Hälfte der Backzeit den Ofen nicht öffnen. • Das Gebäck sofort nach dem Backen mit einer Küchenschere oder einem spitzen scharfen Messer waagerecht aufschneiden und aufgeklappt auf einem Kuchengitter auskühlen lassen. • Nach Belieben einfach mit steif geschlagener Sahne oder mit einer der nachfolgend aufgeführten Füllungen füllen und sofort servieren, da die Windbeutel sonst weich würden.

Beispiele für süße Füllungen:

Früchtequark

Zutaten für 12 Portionen:
¼ l Sahne · 250 g Magerquark · 1–2 Eßl. Ahornsirup oder heller Honig · 250–300 g weiche Früchte, wie zum Beispiel Erdbeeren, Himbeeren, Johannisbeeren oder Pfirsiche
Etwa 400 kJ/95 kcal
4 g Eiweiß · 7 g Fett · 5 g Kohlenhydrate ·
1 g Ballaststoffe pro Portion

* Zubereitungszeit: etwa 15 Minuten

So wird's gemacht: Die Sahne steif schlagen. Den Quark mit dem Ahornsirup oder Honig cremig rühren. • Die Früchte waschen, gegebenenfalls entsteinen und in kleine Stücke schneiden. In den Quark einrühren und die Sahne unterheben. • Jeweils einen Eßlöffel des Früchtequarks auf die Unterteile der Windbeutel setzen und den Gebäckdeckel wieder aufsetzen.

Mein Tip Gebackene Windbeutel lassen sich gut einfrieren. Schneiden Sie das Gebäck gleich nach dem Backen auf und frieren Sie es nach dem Auskühlen ohne Füllung ein. Das Auftauen dauert bei Zimmertemperatur etwa 30 Minuten oder im auf 180° aufgeheizten Backofen 5 Minuten.

Schlagsahne mit Früchten

Zutaten für 12 Portionen:
½ l Sahne · 1 Eßl. Ahornsirup oder heller Honig ·
200–250 g Früchte je nach Jahreszeit wie zum Bei-
spiel Erdbeeren, Himbeeren, Johannisbeeren, Hei-
delbeeren, Orangen oder Pfirsiche · 1 Eßl. Coin-
treau oder Rum
Etwa 600 kJ/ 140 kcal
1 g Eiweiß · 13 g Fett · 4 g Kohlenhydrate ·
1 g Ballaststoffe pro Portion

● Zubereitungszeit: etwa 15 Minuten

<u>So wird's gemacht:</u> Die Sahne steif schlagen und
den Sirup oder den Honig unterrühren. • Die
Früchte waschen, gegebenenfalls schälen oder
entsteinen, in kleine Stücke schneiden und mit
dem Cointreau oder Rum beträufeln. Die Früchte erst kurz vor dem Füllen der Windbeutel unter
die geschlagene Sahne heben. • Jeweils einen
Eßlöffel der Sahne-Frucht-Mischung auf die
Unterteile der Windbeutel setzen und den Gebäckdeckel wieder aufsetzen.

Bananen-Zitronencreme

Zutaten für 12 Portionen:
¼ l Sahne · 2 reife Bananen · 1 Zitrone
Etwa 370 kJ/90 kcal
1 g Eiweiß · 7 g Fett · 6 g Kohlenhydrate ·
1 g Ballaststoffe pro Portion

● Zubereitungszeit: etwa 10 Minuten

<u>So wird's gemacht:</u> Die Sahne steif schlagen. Die
Bananen schälen und mit dem Mixstab oder einer Gabel pürieren. Die Zitrone auspressen und
den Saft unter das Bananenpüree rühren. Die
Bananenmasse vorsichtig unter die Sahne heben. • Jeweils einen Eßlöffel der Bananencreme
auf die Unterteile der Windbeutel setzen.

Carob-Mokkacreme

Zutaten für 12 Portionen:
50 g Haselnüsse · 1 Teel. Instant-Kaffeepulver ·
½ l Sahne · 2 Eßl. Carobpulver · 2 Teel. Nußmus
(fertig gekauft) · 1 Eßl. Cognac oder Rum ·
1–2 Meßlöffel Biobin
Etwa 730 kJ/170 kcal
2 g Eiweiß · 17 g Fett · 3 g Kohlenhydrate ·
1 g Ballaststoffe pro Portion

● Zubereitungszeit: etwa 15 Minuten

<u>So wird's gemacht:</u> Die Haselnüsse feinreiben, in
einer trockenen Pfanne etwa 4–5 Minuten rösten
und anschließend abkühlen lassen. Das Kaffee-
pulver in eine Tasse geben, mit 1 Eßlöffel heißem
Wasser auflösen und ebenfalls abkühlen lassen. • Die Sahne steif schlagen. Das Carobpulver, den Kaffee, das Nußmus, den Cognac oder
den Rum und das Biobin unterrühren. • Jeweils
einen Eßlöffel der Creme auf die Unterteile der
Windbeutel setzen und sofort servieren.

Mürbeteigtorteletts

Bild Seite 48

Man kann den Teig auch schon 1 oder 2 Tage
vorher zubereiten oder diese knusprigen runden
oder schiffchenförmigen Torteletts sogar auf
Vorrat backen. Sie lassen sich in dicht schließen-
den Dosen oder in der Tiefkühltruhe sehr gut für
mehrere Wochen aufbewahren. Wenn überraschend Besuch kommt, muß man nur noch das
Obst oder eine saftige Creme zubereiten. Ein
Tortenguß ist ebenfalls schnell gerührt und als
glänzender Abschluß über den Belag gegossen.

Zutaten für 8 Torteletts:
300 g Weizen · 150 g kalte Butter · 75 g Zucker-
rohrgranulat oder 100 g Honig · 1 Prise Salz ·

1 Ei oder 2–3 Eßl. Mineralwasser oder Weißwein
Für den Belag: Zitronencreme (Rezept Seite 54) ·
etwa 500 g saftige Früchte, je nach Jahreszeit
Für den Guß: ¼ l Obstsaft oder Wasser mit etwas
Zitronensaft · 1 Teel. Agar-Agar oder 8 Meßlöffel
Biobin · eventuell 1–2 Teel. Ahornsirup oder
Honig
Für die Förmchen: Butter oder Öl
Zum Blindbacken: Hülsenfrüchte
Bei 8 Stücken (ohne Belag gerechnet) etwa
1300 kJ/310 kcal
5 g Eiweiß · 17 g Fett · 33 g Kohlenhydrate ·
3 g Ballaststoffe pro Stück

● Vorbereitungszeit einschließlich Kühlzeit:
  etwa 45 Minuten
● Backzeit: 10–15 Minuten

So wird's gemacht: Den Weizen sehr fein mahlen
(falls nicht möglich, 2 Eßlöffel mehr Weizen nehmen und die Kleie aussieben). Das Mehl in eine
Schüssel oder auf die Arbeitsfläche geben und
falls es beim Mahlen warm wurde, etwas abkühlen lassen. Die Butter in kleinen Stückchen auf
das Mehl setzen, alles schnell mit den Fingern
oder mit den Knethaken des Handrührgerätes
gleichmäßig verkrümeln und in der Mitte eine
Mulde eindrücken. • Das Granulat oder den
Honig, das Salz und das Ei oder die Flüssigkeit

in die Mulde geben, leicht einrühren und dann
alle Zutaten zügig zu einem glatten Teig verkneten. Den Teig zu einer flachen Kugel formen und
etwa 30 Minuten kühl stellen. • Den Backofen
auf 200° vorheizen. • 8 kleine Förmchen fetten
und auf die Arbeitsfläche stellen. Den Teig in
8 Portionen teilen und mit den Fingern vorsichtig
in die Förmchen drücken. Den Teig mit einer
Gabel mehrmals einstechen, die Förmchen auf
ein Blech stellen und mit Hülsenfrüchten füllen,
damit sich die Torteletts beim Backen nicht ver-
formen. • Das Blech mit den Förmchen auf die
mittlere Schiene in den vorgeheizten Backofen
schieben und die Torteletts 10–15 Minuten bakken, bis die Ränder leicht gebräunt sind. • Die
Hülsenfrüchte entfernen. Die Torteletts 2–3 Minuten auskühlen lassen, dann aus der Form lösen und auf einem Kuchengitter auskühlen lassen. • Die abgekühlten Torteletts mit der Zitronencreme oder mit geschlagener Sahne füllen,
mit den Früchten belegen und glacieren. • Für
den Guß die Flüssigkeit mit dem Agar-Agar oder
dem Biobin verrühren, wenn nötig etwas süßen,
und bei Verwendung von Agar-Agar erhitzen, bis
das Agar-Agar gelöst ist. Den Topf vom Herd
nehmen und den Guß etwas abkühlen lassen,
dann gleichmäßig auf den Früchten verteilen
und fest werden lassen.

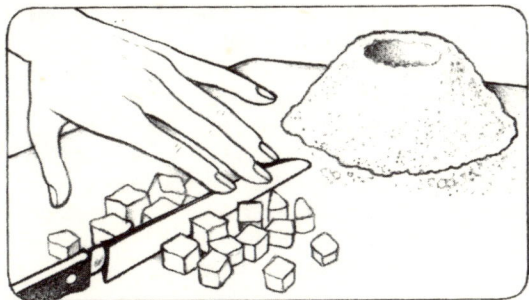

Für die Zubereitung des Mürbteigs die Butter in kleine
Stückchen teilen und auf den Rand des Mehles setzen.

Beispiele für Füllungen:

Vanillecreme

Zutaten für 8 Portionen:
½ l Milch · 60–80 g heller Honig · 2 Eigelbe · 80 g
Weizen oder 40 g Stärkemehl (Kartoffelstärke
oder Wildpfeilwurzelmehl) · 1 Teel. Agar-Agar ·
2 Eiweiße
Etwa 480 kJ/110 kcal
5 g Eiweiß · 4 g Fett · 15 g Kohlenhydrate ·
1 g Ballaststoffe pro Portion

- Zubereitungszeit: etwa 20 Minuten

So wird's gemacht: Die Milch in einem mittelgroßen Topf mit dem Honig und den Eigelben
verrühren. Den Weizen sehr fein mahlen und die
Kleie durch ein sehr feines Sieb aussieben. Das
Mehl oder das Stärkemehl und das Agar-Agar in
die Milch einrühren, alles unter ständigem Rühren zum Kochen bringen und einmal aufkochen
lassen. • Die Masse unter gelegentlichem Umrühren auskühlen lassen. Die Eiweiße steif schlagen und mit dem Schneebesen vorsichtig unter
die Creme ziehen.

Zitronencreme

Zutaten für 8 Portionen:
2 unbehandelte Zitronen · 300 ccm Wasser · 60 g
weißer oder sehr heller Honig · 2 Eigelbe · 20 g
Stärkemehl (Kartoffelstärke oder
Wildpfeilwurzelmehl) · ½ Teel. Agar-Agar ·
2 Eiweiße · 100 ccm Sahne
Etwa 390 kJ/95 kcal
2 g Eiweiß · 5 g Fett · 10 g Kohlenhydrate ·
0 g Ballaststoffe pro Portion

- Zubereitungszeit: etwa 25 Minuten

So wird's gemacht: Die Zitronen heiß abwaschen, abtrocknen und die Schale in einen kleinen Topf reiben. Die Zitronen dann auspressen
und den Saft ebenfalls in den Topf geben. • Das
Wasser, den Honig, die Eigelbe, das Stärkemehl
und das Agar-Agar untermischen, alles unter
ständigem Rühren zum Kochen bringen und einmal aufkochen lassen. • Die Creme unter gelegentlichem Umrühren leicht auskühlen lassen.
Die Eiweiße und die Sahne nacheinander steif
schlagen und mit dem Schneebesen vorsichtig
unter die Creme ziehen.

Carobsahne

Zutaten für 8 Portionen:
200 ccm Sahne · 2 Eßl. Carobpulver · 1 Eßl. Rum
oder Cognac
Etwa 380 kJ/90 kcal
2 g Eiweiß · 8 g Fett · 2 g Kohlenhydrate ·
0 g Ballaststoffe pro Portion

- Zubereitungszeit: etwa 5 Minuten

So wird's gemacht: Die Sahne steif schlagen.
Das Carobpulver und den Rum oder den Cognac einrühren.

Kirsch- oder Aprikosenfüllung

Zutaten für 8 Portionen:
500 g Kirschen oder Aprikosen frisch oder
eingemacht · 1–2 Eßl. Zuckerrohrgranulat oder
Honig (je nach Süße der Früchte) · 3–4 Eßl.
Wasser oder Obstsaft · 1 Teel. Agar-Agar
Etwa 150 kJ/35 kcal
0,4 g Eiweiß · 0 g Fett · 8 g Kohlenhydrate ·
1 g Ballaststoffe pro Portion

- Zubereitungszeit: etwa 20 Minuten

So wird's gemacht: Die Kirschen waschen, ent-
stielen und entsteinen. Oder die Aprikosen mit
kochendem Wasser überbrühen, 1–2 Minuten
darin ziehen lassen, die Haut abziehen, die
Früchte rundum einschneiden und vom Stein
drehen. Eingemachte Früchte abtropfen lassen. • Die Früchte mit dem Granulat oder dem
Honig und dem Wasser aufkochen lassen und
beiseite stellen. • Das Agar-Agar in die noch hei-
ße Fruchtmasse einrühren und die Füllung vor
dem Einfüllen abkühlen lassen.

Rezept- und Sachregister

Die Elsässer reichen den Guglhupf nicht ▷
nur zum Kaffee, sondern auch zu einem
Glas Gewürztraminer. Rezept Seite 32.